长阿含经

中国佛学经典宝藏

2

陈永革 释译

星云大师总监修

人民东方出版传媒

东方出版社

总序

星云

> 自读首楞严，从此不尝人间糟糠味；
> 认识华严经，方知已是佛法富贵人。

诚然，佛教三藏十二部经有如暗夜之灯炬、苦海之宝筏，为人生带来光明与幸福，古德这首诗偈可说一语道尽行者阅藏慕道、顶戴感恩的心情！可惜佛教经典因为卷帙浩瀚、古文艰涩，常使忙碌的现代人有义理远隔、望而生畏之憾，因此多少年来，我一直想编纂一套白话佛典，以使法雨均沾，普利十方。

一九九一年，这个心愿总算有了眉目。是年，佛光山在中国大陆广州市召开"白话佛经编纂会议"，将该套丛书定名为《中国佛教经典宝藏》①。后来几经集思广

---

① 编者注：《中国佛教经典宝藏》丛书，大陆出版时改为《中国佛学经典宝藏》丛书。

益，大家决定其所呈现的风格应该具备下列四项要点：

一、启发思想：全套《中国佛教经典宝藏》共计百余册，依大乘、小乘、禅、净、密等性质编号排序，所选经典均具三点特色：

1. 历史意义的深远性

2. 中国文化的影响性

3. 人间佛教的理念性

二、通顺易懂：每册书均设有原典、注释、译文等单元，其中文句铺排力求流畅通顺，遣词用字力求深入浅出，期使读者能一目了然，契入妙谛。

三、文简意赅：以专章解析每部经的全貌，并且搜罗重要的章句，介绍该经的精神所在，俾使读者对每部经义都能透彻了解，并且免于以偏概全之谬误。

四、雅俗共赏：《中国佛教经典宝藏》虽是白话佛典，但亦兼具通俗文艺与学术价值，以达到雅俗共赏、三根普被的效果，所以每册书均以题解、源流、解说等章节，阐述经文的时代背景、影响价值及在佛教历史和思想演变上的地位角色。

兹值佛光山开山三十周年，诸方贤圣齐来庆祝，历经五载、集二百余人心血结晶的百余册《中国佛教经典宝藏》也于此时隆重推出，可谓意义非凡，论其成就，则有四点可与大家共同分享：

一、佛教史上的开创之举：民国以来的白话佛经翻译虽然很多，但都是法师或居士个人的开示讲稿或零星的研究心得，由于缺乏整体性的计划，读者也不易窥探佛法之堂奥。有鉴于此，《中国佛教经典宝藏》丛书突破窠臼，将古来经律论中之重要著作，做有系统的整理，为佛典翻译史写下新页！

二、杰出学者的集体创作：《中国佛教经典宝藏》丛书结合中国大陆北京、南京各地名校的百位教授、学者通力撰稿，其中博士学位者占百分之八十，其他均拥有硕士学位，在当今出版界各种读物中难得一见。

三、两岸佛学的交流互动：《中国佛教经典宝藏》撰述大部分由大陆饱学能文之教授负责，并搜录台湾教界大德和居士们的论著，借此衔接两岸佛学，使有互动的因缘。编审部分则由台湾和大陆学有专精之学者从事，不仅对中国大陆研究佛学风气具有带动启发之作用，对于台海两岸佛学交流更是帮助良多。

四、白话佛典的精华集萃：《中国佛教经典宝藏》将佛典里具有思想性、启发性、教育性、人间性的章节做重点式的集萃整理，有别于坊间一般"照本翻译"的白话佛典，使读者能充分享受"深入经藏，智慧如海"的法喜。

今《中国佛教经典宝藏》付梓在即，吾欣然为之作序，并借此感谢慈惠、依空等人百忙之中，指导编修；吉广舆等人奔走两岸，穿针引线；以及王志远、赖永海等大陆教授的辛勤撰述；刘国香、陈慧剑等台湾学者的周详审核；满济、永应等"宝藏小组"人员的汇编印行。他们的同心协力，使得这项伟大的事业得以不负众望，功竟圆成！

《中国佛教经典宝藏》虽说是大家精心擘划、全力以赴的巨作，但经义深邃，实难尽备；法海浩瀚，亦恐有遗珠之憾；加以时代之动乱，文化之激荡，学者教授于契合佛心，或有差距之处。凡此失漏必然甚多，星云谨以愚诚，祈求诸方大德不吝指正，是所至祷。

一九九六年五月十六日于佛光山

原版序
敲门处处有人应

星惠

　　《中国佛教经典宝藏》是佛光山继《佛光大藏经》之后，推展人间佛教的百册丛书，以将传统《大藏经》精华化、白话化、现代化为宗旨，力求佛经宝藏再现今世，以通俗亲切的面貌，温渥现代人的心灵。

　　佛光山开山三十年以来，家师星云上人致力推展人间佛教，不遗余力，各种文化、教育事业蓬勃创办，全世界弘法度化之道场应机兴建，蔚为中国现代佛教之新气象。这一套白话精华大藏经，亦是大师弘教传法的深心悲愿之一。从开始构想、擘划到广州会议落实，无不出自大师高瞻远瞩之眼光，从逐年组稿到编辑出版，幸赖大师无限关注支持，乃有这一套现代白话之大藏经问世。

　　这是一套多层次、多角度、全方位反映传统佛教文化的丛书，取其精华，舍其艰涩，希望既能将《大藏经》

深睿的奥义妙法再现今世，也能为现代人提供学佛求法的方便舟筏。我们祈望《中国佛教经典宝藏》具有四种功用：

一、是传统佛典的精华书

中国佛教典籍汗牛充栋，一套《大藏经》就有九千余卷，穷年皓首都研读不完，无从赈济现代人的枯槁心灵。《宝藏》希望是一滴浓缩的法水，既不失《大藏经》的法味，又能有稍浸即润的方便，所以选择了取精用弘的摘引方式，以舍弃庞杂的枝节。由于执笔学者各有不同的取舍角度，其间难免有所缺失，谨请十方仁者鉴谅。

二、是深入浅出的工具书

现代人离古愈远，愈缺乏解读古籍的能力，往往视《大藏经》为艰涩难懂之天书，明知其中有汪洋浩瀚之生命智慧，亦只能望洋兴叹，欲渡无舟。《宝藏》希望是一艘现代化的舟筏，以通俗浅显的白话文字，提供读者遨游佛法义海的工具。应邀执笔的学者虽然多具佛学素养，但大陆对白话写作之领会角度不同，表达方式与台湾有相当差距，造成编写过程中对深厚佛学素养与流畅白话语言不易兼顾的困扰，两全为难。

三、是学佛入门的指引书

佛教经典有八万四千法门，门门可以深入，门门是无限宽广的证悟途径，可惜缺乏大众化的入门导览，不易寻觅捷径。《宝藏》希望是一支指引方向的路标，协助十方大众深入经藏，从先贤的智慧中汲取养分，成就无上的人生福泽。

四、是解深入密的参考书

佛陀遗教不仅是亚洲人民的精神归依，也是世界众生的心灵宝藏。可惜经文古奥，缺乏现代化传播，一旦庞大经藏沦为学术研究之训诂工具，佛教如何能扎根于民间？如何普济僧俗两众？我们希望《宝藏》是百粒芥子，稍稍显现一些须弥山的法相，使读者由浅入深，略窥三昧法要。各书对经藏之解读诠释角度或有不足，我们开拓白话经藏的心意却是虔诚的，若能引领读者进一步深研三藏教理，则是我们的衷心微愿。

大陆版序一

（签名）

　　《中国佛教经典宝藏》是一套对主要佛教经典进行精选、注译、经义阐释、源流梳理、学术价值分析，并把它们翻译成现代白话文的大型佛学丛书，成书于二十世纪九十年代，由台湾佛光文化事业有限公司出版，星云大师担任总监修，由大陆的杜继文、方立天以及台湾的星云大师、圣严法师等两岸百余位知名学者、法师共同编撰完成。十几年来，这套丛书在两岸的学术界和佛教界产生了巨大的影响，对研究、弘扬作为中国传统文化重要组成部分的佛教文化，推动两岸的文化学术交流发挥了十分重要的作用。

　　《中国佛学经典宝藏》则是《中国佛教经典宝藏》的简体字修订版。之所以要出版这套丛书，主要基于以下的考虑：

　　首先，佛教有三藏十二部经、八万四千法门，典籍浩瀚，博大精深，即便是专业研究者，穷其一生之精力，恐也难阅尽所有经典，因此之故，有"精选"之举。

其次，佛教源于印度，汉传佛教的经论多译自梵语；加之，代有译人，版本众多，或随音，或意译，同一经文，往往表述各异。究竟哪一种版本更契合读者根机？哪一个注疏对读者理解经论大意更有助益？编撰者除了标明所依据版本外，对各部经论之版本和注疏源流也进行了系统的梳理。

再次，佛典名相繁复，义理艰深，即便识得其文其字，文字背后的义理，诚非一望便知。为此，注译者特地对诸多冷僻文字和艰涩名相，进行了力所能及的注解和阐析，并把所选经文全部翻译成现代汉语。希望这些注译，能成为修习者得月之手指、渡河之舟楫。

最后，研习经论，旨在借教悟宗、识义得意。为了将其思想义理和现当代价值揭示出来，编撰者对各部经论的篇章品目、思想脉络、义理蕴涵、学术价值等所做的发掘和剖析，真可谓殚精竭虑、苦心孤诣！当然，佛理幽深，欲入其堂奥、得其真义，诚非易事！我们不敢奢求对于各部经论的解读都能鞭辟入里，字字珠玑，但希望能对读者的理解经义有所启迪！

习近平主席最近指出："佛教产生于古代印度，但传入中国后，经过长期演化，佛教同中国儒家文化和道家文化融合发展，最终形成了具有中国特色的佛教文化，给中国人的宗教信仰、哲学观念、文学艺术、礼仪习俗等留下了深刻影响。"如何去研究、传承和弘扬优秀佛教文化，是摆在我们面前的一个重要课题，人民东方出版传媒有限公司拟对繁体字版的《中国佛教经典宝藏》进行修订，并出版简体字版的《中国佛学经典宝藏》，随喜赞叹，寥寄数语，以叙因缘，是为序。

二〇一六年春于南京大学

大陆版序二

依空

　　身材高大、肤色白皙、擅长军事的亚利安人，在公元前四千五百多年从中亚攻入西北印度，把当地土著征服之后，为了彻底统治这里的人民，建立了牢不可破的种姓制度，创造了无数的神祇，主要有创造神梵天、破坏神湿婆、保护神毗婆奴。人们的祸福由梵天决定，为了取悦梵天大神，需要透过婆罗门来沟通，因为他们是从梵天的口舌之中生出，懂得梵天的语言——繁复深奥的梵文，婆罗门阶级是宗教祭祀师，负责教育，更掌控了神与人之间往来的话语权。四种姓中最重要的是刹帝利，举凡国家的政治、经济、军事、文化等等都由他们实际操作，属贵族阶级，由梵天的胸部生出。吠舍则是士农工商的平民百姓，由梵天的膝盖以上生出。首陀罗则是被踩在梵天脚下的土著。前三者可以轮回，纵然几世轮转都无法脱离原来种姓，称为再生族；首陀罗则连轮回的因缘都没有，为不生族，生生世世为首陀罗，子孙也倒霉跟着宿命，无法改变身份。相对于此，贱民比首陀罗更为卑微、低贱，连四种姓都无法跻身其中，只能从事挑粪、焚化尸体等最卑贱、龌龊的工作。

出身于高贵种姓释迦族的悉达多太子，为了打破种姓制度的桎梏，舍弃既有的优越族姓，主张一切众生皆平等，成正等觉，创立了佛教僧团。为了贯彻佛教的平等思想，佛陀不仅先度首陀罗身份的优婆离出家，后度释迦族的七王子，先入山门为师兄，树立僧团伦理制度。佛陀更严禁弟子们用贵族的语言——梵文宣讲佛法，而以人民容易理解的地方口语来演说法义，这就是巴利文经典的滥觞。佛陀认为真理不应该是属于少数贵族、知识分子的专利或装饰，而应该更贴近普罗大众，属于平民百姓共有共知。原来佛陀早就在推动佛法的普遍化、大众化、白话化的伟大工作。

佛教从西汉哀帝末年传入中国，历经东汉、魏晋南北朝、隋唐的漫长艰巨的译经过程，加上历代各宗派祖师的著作，积累了庞博浩瀚的汉传佛教典籍。这些经论义理深奥隐晦，加以书写的语言文字为千年以前的古汉文，增加现代人阅读的困难，只能望着汗牛充栋的三藏十二部扼腕慨叹，裹足不前。

如何让大众轻松深入佛法大海，直探佛陀本怀？佛光山开山宗长星云大师乃发起编纂《中国佛教经典宝藏》。一九九一年，先在大陆广州召开"白话佛经编纂会议"，订定一百本的经论种类、编写体例、字数等事项，礼聘中国社科院的王志远教授、南京大学的赖永海教授分别为中国大陆北方与南方的总联络人，邀请大陆各大学的佛教学者撰文，后来增加台湾部分的三十二本，是为一百三十二册的《中国佛教经典宝藏精选白话版》，于一九九七年，作为佛光山开山三十周年的献礼，隆重出版。

六七年间我个人参与最初的筹划，多次奔波往来于大陆与台湾，小心谨慎带回作者原稿，印刷出版、营销推广。看到它成为佛教徒家中的传家宝藏，有心了解佛学的莘莘学子的入门指南书，为星云大师监修此部宝藏的愿心深感赞叹，既上契佛陀"佛法不舍一众"的慈悲本怀，更下启人间佛教"普世益人"的平等精神。尤其可喜者，欣闻现大陆出版方东方出版社潘少平总裁、彭明哲副总编亲自担纲筹划，组织资深编辑精校精勘；更有旅美企业家鲁彼德先生事业有成之际，秉"十方来，十方去，共成十方事"之襟怀，促成简体字版《中国佛学经典宝藏》的刊行。今付梓在即，是为序，以表随喜祝贺之忱！

二〇一六年元月

目　录

题

解

《阿含经》是早期佛教基本经典的汇编，释迦时代的圣典总集。

阿含，梵文 Āgama 的音译，亦译作阿笈摩、阿伽摩、阿鋡暮、阿鋡等，中国古代佛教论典和译籍，常把阿含意译作法归、法本、法藏、教法、教分、种种说、无比法、传教、净教、趣无、教、传、归、来、藏等。近代佛教学者，更有把阿含之意译读为来着、趣归、知识、圣言、圣训集、经典等。阿含，其字面意义为万法之归趣、万法之总持。因此，"阿含"一词有着双重含义，既指佛教依师承而辗转相传的教法及教说，亦指由传承释迦教法而结集的早期佛教经典。称阿含为《阿含经》，乃是中国历史上相沿成习的惯例。

一般认为，释迦入灭不久的佛教经律第一次结集时，《阿含经》的基本内容已被确定；到部派佛教形成前后被加以系统整理，并在约公元前三世纪时形诸文字。佛教文献视《阿含经》为小乘佛教（声闻乘）三藏中的经藏。汉译《大藏经》中，对于所收小乘佛教的经典，统称为阿含部。

释迦入灭后百年，原始佛教的僧伽教团一分而为上座部与大众部二大部派。其后，部派佛教更分裂为小乘二十部派（南传佛教持十八部派说）。各佛教部派均各有独自传承的经藏。据现今有关资料表明，当时至少有南方上座部、一切有部、化地部、法藏部、大众部、饮光部、经量部等所传的经典存在。然而，时至今日，仅有南方上座部的原始经典完全保存下来，计有五部，并以释迦时代较为通俗的巴利文书写。

南传佛教的巴利文经典，包括《长部》《中部》《相应部》《增支部》《小部》（即屈陀迦阿含），被通称为南传五部，亦称南传五阿含。至于北传佛教，则汇集其他诸部派经典的残篇断简，编就四阿含，即《长阿含经》《中阿含经》《增一阿含经》和《杂阿含经》，以梵文书写。此即北传四阿含。其中，南传《长部》《中部》分别相当于北传的《长阿含经》和《中阿含经》，而《相应部》则相当于《杂阿含经》，《增支部》与《增一阿含经》相当。尽管南传五阿含与北传四阿含在内容结构上存在着对应关系，但并非完全相同。相对来说，最为接近的是《长部》和《长阿含经》，其次是《相应部》与《杂阿含经》，再次是《中部》与《中阿含经》，差别最大的是《增支部》与《增一阿含经》，而南传《小部》则更是北传四阿含中所无。即使是南传五阿含与北传四阿含中的相同之经，其内容及排列顺序，亦颇有出入。因此，南北两大阿含部都具有相对独立的宗教价值和学术价值，并为两大佛教传承系统之间的比较研究提供了珍贵资料。

公元前后，佛教初传中国，早期佛教的圣典《阿含经》亦随之传入。不过，最早在中国流传的《阿含经》只是些单品小经。如东汉时期最早传译的《四十二章经》乃是辑录《阿含经》要点的"经钞"，而东汉末及三国时期的两大译经高手安世高、支谦则更是译有大量四部《阿含经》中的单品经。西晋时竺法护亦译有不少《阿含经》中的单品经。东晋十六国时期及南北朝初期，印度和西域的佛教僧人到中国内地译经传教者众多，从而使北传四阿含流通中国，并与汉族学僧协作，将北传四阿含悉数译成汉语。从此，汉译北传四阿含一直被保存下来，并流传至今。据近代以来各国学者对以中国为中心的北传佛教和以斯里兰卡为中心的南传佛教的各种文字佛经的对比研究的结果，小乘佛教经典《阿含经》

较为真实地反映了早期佛教的基本教义。

释迦牟尼初创佛教时采取口头宣教的形式，并没有形诸文字。公元一世纪前后逐渐发展为成文经典的《阿含经》，以其素朴、简洁而形象的文字表达，记载了释迦牟尼初传佛教的基本情形，介绍了早期佛教的基本教义，如四谛、八正道、十二因缘以及四念处、四正断、四禅、五根、五力、七觉支等三十七道品的内容，宣示了佛教修持特有的戒、定、慧三学。尽管出于种种原因，不同程度地有着增补、改编等现象，汉译《阿含经》仍在现存卷帙浩繁的佛教经典中，较为如实地反映了早期佛教的基本思想。其中，汉译《长阿含经》以其独特面目保存许多其他三部《阿含经》所无法取代的内容。

《长阿含经》在公元四一三年（后秦弘始十五年），由罽宾（今克什米尔地区）沙门佛陀耶舍诵出，凉州（今甘肃河西地区）沙门竺佛念译为汉语，道含笔受，译于长安（今陕西西安）。汉译《长阿含经》凡二十二卷，共收有三十部阿含经文。日本《大正新修大藏经》将之列为第一册第一部佛典。此译释本即以《大正藏》为基本文本。

关于《长阿含经》名称的由来，据《四分律》卷五十四、《五分律》卷三十、《瑜伽师地论》卷八十五等载：因系长经说集，故称此名。又据《萨婆多毗尼毗婆沙》卷一载：破诸外道，是为《长阿含》。而《分别功德论》则认为：长者，乃说久远之事，意即历劫而不绝。由此可见，之所以称为《长阿含经》，一则是由于其所汇集的《阿含经》的篇幅最长；二则是由于其抨击外道异说而显彰佛说的内容结构；三则是由于此经所说之事多半涉及久远往事。

　　具体地说，汉译《长阿含经》的内容结构为四分三十经，即：

　　（一）第一分四经，包括《大本经》《游行经》《典尊经》《阇尼沙经》，主要收录有关佛陀的本生故事，叙述诸佛的过去事缘，着重讲说释迦游行教化的活动。

　　（二）第二分十五经，包括《小缘经》《转轮圣王修行经》《弊宿经》《散陀那经》《众集经》《十上经》《增一经》《三聚经》《大缘方便经》《释提桓因问经》《阿㝹夷经》《善生经》《清净经》《自欢喜经》《大会经》。其内容主要为叙述佛教诸行的修习以及佛所说教法的纲要。

　　（三）第三分十经，包括《阿摩昼经》《梵动经》《种德经》《究罗檀头经》《坚固经》《裸形梵志经》《三明经》《沙门果经》《布吒婆楼经》《露遮经》。其内容主要收录佛陀对外道异说，特别是婆罗门学说的论难和批驳。

（四）第四分只收《世记经》。但《世记经》较长，共占三卷，从第十八卷到第二十卷。该经共有十二品：《阎浮提洲品》《郁单曰品》《转轮圣王品》《地狱品》《龙鸟品》《阿须伦品》《四天王品》《忉利天品》《三灾品》《战斗品》《三中劫品》《世本缘品》，详述了天、人、阿修罗、地狱、饿鬼、畜生所居世界的成败劫数诸相。

《长阿含经》译释本，以日本《大正新修大藏经》所收录的汉译《长阿含经》为底本。原典选录标准，大体上展现了《长阿含经》四分内容的基本结构。所选经文，大致体现了佛陀本生事迹、佛教说法的教旨内容、根据佛教立场对外道异学的驳难，以及佛教特有的世界起源和神话化的世界结构。

未曾选录的经文包括：第三经《典尊经》、第九经《众集经》、第十一经《增一经》、第十三经《大缘方便经》、第十四经《释提桓因问经》、第十九经《大会经》、第二十三经《究罗檀头经》和第二十六经《三明经》。除了略选《地狱品》《忉利天品》《世本缘品》外，最后一经《世记经》的其余诸品概未加选录。

上述未曾节选诸经，其主要内容概述如下：

第三经《典尊经》。该经记叙过去世大典尊，虽位居七国之相，却发心出家修道，决意舍却五欲。而现在世的释迦文佛即典尊之身。佛告般遮翼说：大典尊即我身是也。该经所阐述的中心教旨在于：佛门弟子不应怀疑出家修行的生命真理。唯有出家净修梵行，方能根除三毒，舍弃我执、人执；独修慈心才能独生梵天。经文强调，佛门弟子应该相信，出家清修梵行，有果报，有教诫，是"究竟道法，究竟梵行，究竟安隐，终归灭度"。

第九经《众集经》。该经记载了释尊晚年令舍利弗为诸比丘说法，"以防诤讼，使梵行久立，多为饶益，天人获安"。此经的讲经形式与内容结构，类似第十经《十上经》、第十一经《增一经》、第十二经《三聚经》，从"一正法"一直说到"十正法"，最后由世尊印可舍利弗所说。

第十一经《增一经》。此经记叙了佛在舍卫国祇树给孤独园给诸比丘说"一增法"，亦即依法数增加的方式来传扬佛法。世尊从一成法、一修法、一觉法、一灭法、一证法，依次说到十成法、十修法、十觉法、十灭法、十证法。该经以增一的讲经方式，便利了佛法的记诵和弘扬，并成为后来《增一阿含经》的雏形。

第十三经《大缘方便经》。此经较系统地描述了十二因缘的教法。世尊告诉阿难说，十二因缘难见难知，甚深难解；唯有如实正观十二因缘才能获致无漏心解脱的修行，才能真正实现慧解脱的佛教生命理想。

第十四经《释提桓因问经》。该经记载了佛为忉利诸天的说法内容。释提桓因即帝释天，与执乐之神般遮翼及忉利诸天，同诣佛所，闻佛说法。释尊用缘起思想阐述人的爱憎皆生于人的欲望，欲望是爱憎的首要因缘。有欲望则有爱憎，无欲望则无爱憎；若无爱憎则无贪嫉；若无贪嫉，则一切众生不相伤害。反之，从欲望而有爱憎，从爱憎则有贪嫉，从贪嫉则使一切众生共相伤害。

第十九经《大会经》。佛在释翅提国迦维园中，给五百罗汉、十方诸神妙天、地神、雪山神、东南西北四大天王，讲说此经。闻法者皆远离尘垢，得法眼清净。此经的特别之处是充满了世尊的结咒，与《长阿含经》的其他诸经截然有异。

第二十三经《究罗檀头经》。佛给究罗檀头大婆罗门说法，婆罗门的祭祀典礼充斥着杀生和奢侈。世尊尽管知悉婆罗门的祭祀大典，但他坚决拒斥杀生的陋习。此经内容大致与《种德经》相仿。

第二十六经《三明经》。针对婆罗门教自称出自梵天，种姓清净，必生梵天的宣传，世尊为婆悉吒婆罗门和婆罗堕婆罗门宣讲"何道真正"。释迦认为，三明婆罗门虚诳无实，不修持沙门清净梵行，而转修其他不清净行，因此欲求生梵天，无有是处。三明婆罗门有家属产业，而梵天则无，因此三明婆罗门与梵天并不同趣，同解脱。

至于第四分《世记经》中未加选录的诸品，如《阎浮提洲品》《郁单曰品》《转轮圣王品》《阿须伦品》《龙鸟品》《四天王品》《三灾品》《战斗品》《三中劫品》，较充分地展示了佛教对于诸天情况了解之详尽。这些佛经文学看似充满想象，但充分描述了如来所记天地成败及众生所居国邑。但即使在这些描述中，仍表现着佛教所特有的修行旨趣和宗教理念。如《郁单曰品》中说："其土人民虽不受十善，举动自然与十善合，身坏命终生天善处。"又如《转轮圣王品》记载："但当以正法治化，勿使偏枉，无令国内有非法行，自不杀生，教人不杀生、偷盗、邪淫、两舌、恶口、妄言、绮语、贪取、嫉妒、邪见。"

北传《长阿含经》的汉译者，乃由罽宾沙门佛陀耶舍三藏法师主诵，凉州沙门竺佛念协助译为汉语，由道含笔录成篇。僧祐《出三藏记集·序》卷九，载有东晋名僧僧肇所作的《长阿含经序》，表明僧肇虽未参与具体的译经工作，然亦曾列席译场。

《长阿含经》汉译的二位主要译家佛陀耶舍和竺佛

念，梁·慧皎《高僧传》均有其传。

据梁《高僧传》①，佛陀耶舍，意译为觉明，罽宾（今克什米尔地区）人，出身婆罗门种姓。十三岁时出家修行。博闻强识，然性情简傲，年二十七，方受具足戒。后越东葱岭，居沙勒国。鸠摩罗什曾从佛陀耶舍学阿毗昙、《十诵律》。耶舍应罗什之邀，来到长安。其人髭赤，善解毗婆沙，时人号称赤髭毗婆沙。因佛陀耶舍尝为罗什之师，亦称大毗婆沙。据说，当年罗什翻译《十住经》时，始有疑难，操笔犹豫，乃与佛陀耶舍商讨论究，而后译成。弘始十二年（公元四一〇年）佛陀耶舍译出法藏部的《四分律》六十卷。到弘始十五年（公元四一三年），佛陀耶舍在汉僧竺佛念、道含等协助下，终于完成《长阿含经》的汉译工作。之后，耶舍即辞归罽宾，后不知所终。

佛陀耶舍的佛经翻译，以《长阿含经》及《四分律》为最重要。关于其传译之事，僧肇在《长阿含经序》中说：

"以弘始十二年，岁次上章掩茂，请罽宾三藏沙门佛陀耶舍，出律藏《四分》四十卷（案今藏本律藏六十卷与此卷数《四分》不同），十四年讫。十五年岁在昭阳奋若，出此《长阿含》讫。凉州沙门佛念为译，秦国道士道含笔受。时，集京夏名胜沙门，于宅第校定，恭承法言，敬无差舛，蠲华崇朴，务存圣旨。余以嘉遇，猥参听次，虽无翼善之功，而豫亲承之末。"②

由此可见，《长阿含经》乃由佛陀耶舍主诵，竺佛念为译，道含笔受。序之作者僧肇虽未参与翻译，然亦列席译场。

汉译《长阿含经》主要由竺佛念译出。梁《高僧传》卷一有《竺佛念传》。竺佛念，凉州人，出家诵习众经，粗涉外典，尤精字句训诂。少好游方，备观各地风俗。家世西河，洞晓方言，明解华戎音义。曾在长安高僧道安主持的译场，常任传译一职，帮助外来学僧翻译佛经。道安圆寂后，竺佛念在后来继续从事译经工作。慧皎评价竺佛念的译经说："自世高、支谦以后，莫逾于念；在符、姚二代，为译人之宗。"③由此可见竺佛念译经水平之高。据僧祐《出三藏记集》卷二等记载，竺佛念的其他主要译经有：与沙门昙摩难提共译《增一阿含经》四十一卷（已佚）、《中阿含经》五十九卷（已佚），自译《菩萨璎珞经》十二卷、《十住断结经》十一卷、《菩萨处胎经》五卷、《中阴经》二卷、《王子法益坏目因缘经》一卷，共有七种译籍。

在中国佛教史上，大小乘佛经几乎是同时传入的，《阿含经》及其单品经曾长期在社会流传，对于佛教知识的普及曾起过很大作用。南北朝以后，中国盛行大乘佛教，但某些阿含单品经仍一再重译流行，甚至唐代译经大师玄奘、义净都曾从事此一工作。据《开元释教录》卷十九至卷二十"入藏录"载，入藏的大乘经有五百一十五部，二千一百七十三卷；小乘经有二百四十部，六百一十八卷。隋唐的宗派佛教如天台、华严虽贬抑作为小乘经典的《阿含经》，但仍给以适当的地位。

注释：

①《高僧传》，梁·慧皎撰，汤用彤校注，中华书局一九九二年版，第六十五至六十七页。

②引自《中国佛教思想资料选编》，石峻等编，中华书局一九八一年版，第一八九页。

③《高僧传》同上，第四十页。

1 大本经

原典

如是我闻：

一时，佛①在舍卫国②祇树花林窟③，与大比丘④众千二百五十人俱。

时，诸比丘于乞食后，集花林窟，各共议言："诸贤！比丘唯无上尊⑤为最奇特，神通远达，威力弘大，乃知过去无数诸佛入于涅槃⑥，断诸结使⑦，消灭戏论⑧。又知彼佛劫数⑨多少、名号姓字、所生种族、其所饮食、寿命修短、所更苦乐。又知彼佛有如是戒，有如是法，有如是慧，有如是解，有如是住。云何？诸贤！如来⑩为善别法性⑪，知如是事？为诸天来语，乃知此事？"

尔时，世尊在闲静处，天耳清净，闻诸比丘作如是议，即从座起，诣花林窟，就座而坐。尔时，世尊知而故问，谓："诸比丘！汝等集此，何所语议？"

时，诸比丘具以事答。

尔时，世尊告诸比丘："善哉！善哉！汝等以平等信，出家修道，诸所应行，凡有二业：一曰贤圣讲法，二曰贤圣默然。汝等所论，正应如是。如来神通威力弘大，尽知过去无数劫事。以能善解法性故知，亦以诸天来语故知。"

注释

① **佛**：指释迦牟尼，佛教创始人。名悉达多（Siddhattha），意为"目的达成了的人"，约生于公元前五六五年。相传为古印度北部迦毗罗卫国（今尼泊尔南部）净饭王的太子，属刹帝利种姓。释迦（Śākya）是种族名称。乔达摩（Goutama）为佛之族名，亦作瞿昙。牟尼（Muni）是"贤人"或"寂默"的意思。释迦牟尼二十九岁出家修道，三十五岁证悟并创立佛教学说，八十岁时在拘尸那迦城入灭。佛、佛陀、如来、世尊等都是释迦牟尼的名号。

② **舍卫国**：地名。即舍卫城，在今印度西北部拉普蒂河南岸。佛在世时，波斯匿王居于此城。

③**祇树花林窟**：地名。即祇树给孤独园，又称祇园精舍。给孤独相传是舍卫城中的一个富商，因其好施孤独者而得名。他在王舍城听释迦说法而皈依佛门，并购买波斯匿王之子祇陀（亦作誓多）的花园，建筑精舍赠予释迦讲经说法。因祇陀太子仅出卖花园之地，并将自所有的园中树木奉献给释迦，故称祇树给孤独园，又叫"誓多林给孤独园"。因释迦曾在此园林讲经说法，遂成佛教圣地。

④**比丘**：梵文 Bhikṣu 音译，指信奉佛法，剃发出家修行，受具足戒的男子。为佛门四众（比丘、比丘尼、优婆塞、优婆夷）之一。所谓具足戒，指比丘必须遵持恪守的佛教戒律，具足戒有二百五十条之多。

⑤**无上尊**：佛的尊称之一。佛教认为，人间天上，佛最为尊胜，故号无上尊。

⑥**涅槃**：佛教名词。梵文 Nirvāṇa 的音译，旧译作泥洹等，意译有入灭、寂灭、解脱、圆寂、灭度等。灭生死之因果，渡生死之苦海，涅槃是佛教独特的智慧境界，是超脱世间生死困惑的清净解脱的宗教理想，意味着对生死无常及其因果的彻底克服。后世亦把佛教僧人的逝世称作涅槃。

⑦**结使**：佛教名词，即烦恼。系缚身心结成苦果，名结；随逐众生又驱使众生，名使。佛教有"九结十

使"之说，认为结有九种：爱结、恚结、慢结、痴结、疑结、见结、取结、悭结、嫉结；而使有十使：贪欲、嗔恚、无明（愚痴）、慢、疑、身见（我见）、边见、邪见、见取见、戒禁取见。十使亦称十烦恼、十惑、十随眠等。

⑧**戏论**：指错误而无意义的言论。戏论可分为爱论和见论两种。

⑨**劫数**：劫原为古代印度婆罗门教极大时限的时间单位。佛教沿用为表示不可计算或难以计算的极长时间。对于劫之长度说法不一。

⑩**如来**：梵文 Tathāgata 的意译，佛的十号之一。《成实论》卷一说："如来者，乘如实道来成正觉，故曰如来。"如实道即佛教胜义谛，释迦牟尼证悟的菩提道。释迦牟尼亦自称为"如来佛"。

⑪**法性**：佛教名相。指一切万法之实相本体，在净在染，不改不变。此处法性，或可作"诸法性相"解。

译文

我是听佛这样说的：

那时候，佛陀在舍卫城的祇树给孤独园，同大比丘僧一千二百五十人在一起。

当时，比丘们乞食归来，回到祇树给孤独园，相互议论说："诸贤！比丘僧中唯有释尊为最奇特，神通广大，无所不能，法力无边，无所不及。他知晓过去世时无数佛曾入涅槃，断尽烦恼，灭除戏论。他还知晓过去诸佛的劫数多少、姓氏名号、出生种族、饮食品类、寿命长短以及所经历的种种苦乐。他还知晓过去诸佛的种种戒律、教法、智慧、知解、证位。为何如此？诸贤！如来为善了别法性，通晓种种事相？为诸天来禀告如来之语，所以知晓种种事相？"

那时候，世尊正在闲静处修习禅定，天耳清净，耳闻众比丘僧的种种议论，就起座来到花林窟就座。当时，世尊明知故问，说："诸位比丘！你们大家集中在一起都讨论些什么？"

比丘们并不隐瞒地把刚才议论的问题全都告诉世尊。

听完后，世尊就对比丘们说："很好！很好！你们因发平等无差别的信心，出家修道，都应该修习二种善法：一是圣人所宣示的根本教理，二是圣人秘而不宣的终极实相。你们所议论的亦应该如此。如来神通广大，无所不能；过去无数劫时所发生的事情，无所不知。因为如来能够理解万法的根本性质，所以知晓；亦由于天界禀告如来，所以通晓。"

佛告诸比丘："过去九十一劫①时，世有佛名毗婆尸②如来、至真，出现于世。复次，比丘！过去三十一劫，有佛名尸弃③如来、至真，出现于世。复次，比丘！即彼三十一劫中有佛名毗舍婆④如来、至真，出现于世。复次，比丘！此贤劫⑤中有佛名拘楼孙⑥，又名拘那含⑦，又名迦叶⑧。我今亦于贤劫中成最正觉。"

注释

①劫：原来用于表示时限，但长时段的劫，佛教常分别为过去劫、未来劫、现在劫三种类别。佛教过去庄严劫中有三佛，现在贤劫中有四佛。

②毗婆尸：佛名，梵语 Vipaśyin 之音译，为七佛之首。

③尸弃：佛名，梵语 Śikhi 的音译，据称尸弃佛成就最为尊上的无分别智，过去佛之二。

④毗舍婆：佛名，梵语 Viśvabhū 的音译，意为遍一切自在，过去庄严劫中最后一佛。

⑤贤劫：佛教名词。佛教认为，过去劫为庄严劫，未来劫为星宿劫，现在劫为贤劫。在现在劫中有千佛出现于世，故称赞为贤劫，亦称善劫。现在贤劫共有四佛

之名。

⑥**拘楼孙**：佛名，梵语音译，亦作拘留孙，意为应断，即断尽一切烦恼。为现在贤劫中千佛之首。

⑦**拘那含**：佛名，梵语音译，亦作俱那含。意为金寂。

⑧**迦叶**：佛名，梵语音译，意译为饮光佛，谓迦叶佛具无上光明，能遮蔽其他一切光明，故称。

译文

佛告诉比丘们说："过去世九十一劫时，世间有佛名叫毗婆尸佛。又过去世三十一劫时，世间出现了尸弃佛。又于过去世三十一劫时，世间还出现了毗舍婆佛。又，比丘！此贤劫中，出现了拘楼孙佛、拘那含佛、迦叶佛。我现在也于贤劫中成就无上正等正觉。"

原典

"于时，菩萨欲出游观，告敕御者严驾宝车，诣彼园林，巡行游观。御者即便严驾讫已，还白：'今正是时。'太子即乘宝车诣彼园观。于其中路，见一老人，头白齿落，面皱身偻，拄杖羸①步，喘息而行。太子顾问侍者：'此为何人？'答曰：'此是老人。'又问：'何如为老?'答曰:'夫老者,生寿向尽,余命无几,故谓之老。'太子又问:'吾亦当尔,不免此患耶?'答曰:'然。生必有老,无有贵贱。'于是,太子怅然不悦,即告侍者回驾还宫,静默思维,念此老苦,吾亦当有。

"又于后时,太子复命御者严驾出游。于其中路,逢一病人,身羸腹大,面目黧②黑,独卧粪秽,无人瞻视,病甚苦毒,口不能言。顾问御者:'此为何人?'答曰:'此是病人。'问曰:'何如为病?'答曰:'病者,众痛迫切,存亡无期,故曰病也。'又曰:'吾亦当尔,未免此患耶?'答曰:'然。生则有病,无有贵贱。'于是太子怅然不悦,即告御者回车还宫,静默思维,念此病苦,吾亦当尔。

"又于异时,太子复敕御者严驾出游。于其中路逢一死人,杂色缯幡前后导引,宗族亲里悲号哭泣,送之出城。太子复问:'此为何人?'答曰:'此是死人。'问曰:'何如为死?'答曰:'死者,尽也。风先火次,诸根坏败,存亡异趣,室家离别,故谓之死。'太子又问御者:'吾亦当尔,不免此患耶?'答曰:'然。生必有死,无有贵贱。'于是太子怅然不悦,即告御者回车还宫。静默思维,念此死苦,吾亦当然。

"又于异时,复敕御者严驾出游。于其中路逢一沙门③,法服持钵,视地而行。即问御者:'此为何人?'

御者答曰：'此是沙门。'又问：'何谓沙门？'答曰：'沙门者，舍离恩爱，出家修道。摄御诸根，不染外欲；慈心一切，无所伤害；逢苦不戚，遇乐不欣；能忍如地，故号沙门。'太子曰：'善哉！此道真正，永绝尘累，微妙清虚。唯是为快。'即敕御者回车就之。

"尔时，太子问沙门曰：'剃除须发，法服持钵，何所志求？'沙门答曰：'夫出家者，欲调伏心意，永离尘垢，慈育群生，无所侵扰，虚心静寞，唯道是务。'太子曰：'善哉！此道最真。'寻，敕御者：'赍④吾宝衣并及乘舆，还白大王，我即于此剃除须发，服三法衣，出家修道。所以然者，欲调伏心意，舍离尘垢，清净自居，以求道术。'于是，御者即以太子所乘宝车及与衣服，还归父王。太子于后即剃除须发，服三法衣，出家修道。"

注释

①羸：身体虚弱。

②黧：黑中带黄的颜色。

③沙门：佛教名词。梵语 Srmaṇa 之音译，原为古代印度出家者的总称。其义为息心、消除恶心、勤修善道、止息一切恶法。《长阿含经》卷三中曾提到四种沙

门："一行道殊胜，二善说道义，三依道生活，四为道作秽。"另据《俱舍论》卷十五，沙门有四种类型：分别为胜道沙门、示道沙门、命道沙门和污道沙门。沙门在古代印度本义即指修行者。

④赍：携带。

译文

"那时，太子想外出王宫游观，就让宫中御者备好车马，前往园林，巡行游观。御者准备妥当后，告知太子：'可以出发了。'于是，太子就乘着宝马香车四处巡行。在路上，他们遇见一个老人，满头苍发，牙齿掉落，皱纹满布，身体伛偻，手拄拐杖，步履蹒跚，气喘不已。太子问侍者：'这是什么人呀？'侍者回答说：'这是衰老了的人。'太子又问：'什么叫衰老？'回答说：'所谓衰老，就是人的生命即将完结，有生之日屈指可数。'太子又问：'我亦会衰老，难以避免衰老的痛苦吗？'侍者回答说：'是的。有出生必有衰老，无论贵贱，莫不如此。'于是，太子惆怅满怀，闷闷不乐，无心游观，就让侍者驾车返宫。太子静默思维，常常思考衰老之苦，我亦无从逃脱。

"不久，太子又让御者备车出游。在路上碰到一个病人，身体虚弱，腹大如鼓，脸色灰暗，独卧在污秽之地，无人理睬，病入膏肓，苦不堪言。太子就问御者：'这是什么人呀？'御者回答说：'这是病人。'太子又问：'什么叫作病呢？'御者答说：'所谓病，就是身体遭受种种苦痛的折磨，生命危在旦夕。'太子又问：'我亦会遭受病痛折磨，难免病患吗？'回答说：'是的。有生就有病，无论尊卑贵贱，莫不如此。'于是，太子怅然不悦，就让御者驾车返宫。独自静默思维，常常思虑生病之苦，我亦无从避免。

"过些日子，太子又吩咐侍从备车出游。在路上碰到一个死人，旌幡招展，死者的亲朋好友悲泣痛哭，护送死者出城殡葬。太子问侍从：'这是什么人呀？'侍从答道：'这是死人。'太子又问：'死是怎么回事呀？'侍从回答说：'死就是人的生命的终结。首先呼吸停止，其次肢体冰冷，耳不能听，目不能视，生离死别，存亡异路，所以称为死。'太子又问御者：'我亦会如此，难免一死吗？'回答说：'是的。有生必有死，无论尊卑贵贱，莫不如此。'因此，太子听后，又怅然不悦，就让御者驾车返宫。太子独自静默思维，常常沉思死亡之苦，我亦难以避免。

"再过些时日，太子又让御者备车出游。在路上遇见一个出家修道的沙门，穿着法服，手托饭钵，视地而行。太子就问御者：'这是什么人呀？'御者回答说：'这是沙门。'太子又问：'什么叫沙门？'御者回答说：'所谓沙门，就是舍离天伦之乐而出家修行的人。他们统摄种种感官，不染着官能的欲乐；他们慈悲万物，从不残害生命；他们面对痛苦而不悲戚，遇上欢乐而不欣喜；他们的精神人格就像大地一样坚忍无比，所以称为沙门。'太子感叹说：'很好！这种修持是真正能够彻底弃绝尘世的束缚，微妙难言而高贵超脱。这是真正唯一的生命之乐。'于是，太子就让御者驾车前往，来到沙门面前。

"当时，太子问沙门说：'你剃除须发，身穿法衣，手托饭钵，究竟追求什么？'沙门回答说：'出家修道者，都必须调伏种种心识、意念，彻底离弃尘世的污垢，慈心护育一切众生而决不侵扰，使自心清静无为，寂寥而玄远，孜孜不倦地寻求终极的生命境界。'太子说：'真了不起啊！这是最真切的生命真理。'过不久，太子吩咐御者说：'请你携带我的宫服以及车骑，回宫告诉大王，我就在这里剃除须发，穿三法衣，出家修道。因为我想调伏种种心识和意念，舍离世俗的污垢，清净自心，寻求生命的真理。'于是，御者就带着太子的宝马香车及其华美宫服，回宫禀告大王。而太子则剃除须发，换上三法衣，出家修道。"

佛告比丘："太子见老、病人，知世苦恼；又见死人，恋世情灭；及见沙门，廓然大悟。下宝车时，步步中间，转远缚着。是真出家，是真远离。

"时，彼国人闻太子剃除须发，法服持钵，出家修道，咸相谓言：'此道必真，乃令太子舍国荣位，捐弃所重。'于时，国中八万四千人往就太子，求为弟子，出家修道。

"于时，太子即便纳受，与之游行，在在教化。从村至村，从国至国，所至之处，无不恭敬，四事供养①。菩萨念言：吾与大众游行诸国，人间愦闹，此非我宜。何时当得离此群众，闲静之处，以求真道？寻获志愿，于闲静处，专精修道。复作是念：众生可愍，常处暗冥，受身危脆，有生，有老，有病，有死。众苦所集，死此生彼，从彼生此。缘此苦阴②，流转无穷。我当何时晓了苦阴，灭生老死？

"复作是念：生死何从？何缘而有？即以智慧观察所由，从生有老死，生是老死缘；生从有起，有③是生缘；有从取起，取④是有缘；取从爱起，爱⑤是取缘；爱从受起，受⑥是爱缘；受从触起，触⑦是受缘；触从六入起，六入⑧是触缘；六入从名色起，名色⑨是六入缘；名色从识起，识⑩是名色缘；识从行起，行⑪是识缘；行从痴起，痴⑫是行缘。是为缘痴有行，缘行有识，缘识有名色，缘名色有六入，缘六入有触，缘触有受，缘受有爱，缘爱有取，缘取有有，缘有有生，缘生有老、病、死、忧、悲、苦、恼。此苦盛阴，缘生而有，是为苦集。菩萨思维苦集阴时，生智，生眼，生觉，生明，生通，生慧，生证。

"于时，菩萨复自思维：何等无故老死无？何等灭故老死灭？即以智慧观察所由，生无故老死无，生灭故老死灭；有无故生无，有灭故生灭；取无故有无，取灭故有灭；爱无故取无，爱灭故取灭；受无故爱无，受灭故爱灭；触无故受无，触灭故受灭；六入无故触无，六入灭故触灭；名色无故六入无，名色灭故六入灭；识无故名色无，识灭故名色灭；行无故识无，行灭故识灭；痴无故行无，痴灭故行灭。是为，痴灭故行灭，行灭故识灭，识灭故名色灭，名色灭故六入灭，六入灭故触灭，触灭故受灭，受灭故爱灭，爱灭故取灭，取灭故有灭，有灭故生灭，生灭故老、死、忧、悲、苦、恼灭。菩萨思维：苦阴灭时，生智，生眼，生觉，生明，生通，生慧，生证。尔时，菩萨逆顺观十二因缘，如实知，如实见已，即于座上成阿耨多罗三藐三菩提。"

注释

①**四事供养**：供给资养佛、僧等日常生活所需之四事。四事，指衣服、饮食、卧具、医药等，或指衣服、饮食、汤药、房舍等。

②**苦阴**：佛教名词。亦译为蕴、阴，指有情众生的身心结构：色、受、想、行、识。佛教认为，有情众生身心俱苦，故称色、受、想、行、识五蕴（或五阴）为苦阴。

③**有**：佛教名词。指产生未来当有果报的种种善业和恶业。

④**取**：佛教名词。指二十岁成年后，贪欲转盛，周遍驰求世间享受，执着追求。

⑤**爱**：佛教名词。指贪爱和渴欲，人生青春期后的种种渴望、贪爱。

⑥**受**：佛教名词。年龄渐增，心识渐次发达，六根触对六境，产生苦、乐、不苦不乐三种感受。

⑦**触**：佛教名词。指触觉。胎儿出生后，由六根与外境相接触而产生的感受。相当于幼儿阶段。

⑧**六入**：佛教名词。亦作六处，指眼、耳、鼻、舌、身、意六根。指婴儿形体完备，即将出胎位诞生。

⑨**名色**：佛教名词。名，指心、精神；色，指色

质、肉体。名色指胎中婴儿的精神和形体。

⑩识：佛教名词。指婴儿托胎时的心识、精神活动。

⑪行：佛教名词。由过去世烦恼所造的一切善、不善的业行、意志行为。行有三种类型：善、不善、无记，都源于无明（痴）。

⑫痴：佛教名词。亦称无明，是过去世所起烦恼的总称。佛教认为，烦恼虽有种种，但都与无明相应，故名一切烦恼的根本为无明。痴、无明，亦特指对佛法的愚昧无知。

译文

佛告诉比丘说："太子路见老人和病人，了解了世间种种痛苦和烦恼；又遇见死人，太子就灭却了对世间的依恋之情；等到逢见沙门，太子就豁然朗悟生命的终极皈依。太子在走下宝车的步步中间，就已经远离了尘世的种种束缚。太子是真正的出家，是真正的远离尘俗。

"当时，国人听到太子剃除须发，换穿法衣，手持饭钵，出家修道，都奔走相告说：'这种道理必定是真理，所以才使太子舍却王位，捐弃荣贵。'那时，全国有八万四千人前往太子出家修道的地方，恳求太子接纳为弟子，让他们都出家修道。

"当时，太子就接纳了他们出家修道，与他们一道游行各地，因地教化。从一个村落到另一个村落，从一国到另一国，所到之处，都受到崇敬和礼遇，接受各地人民无微不至的供养。菩萨心想：我与众人游行诸国，人世间事务杂乱，这不是我愿意做的。什么时候才能离开众人，寻一闲静地方，探求真正的道理？不久就实现了心中所愿，太子寻到一处闲静的地方，专心致志地修道。太子又心想：众生真值得怜愍，身心经常处于冥暗，生命脆弱，有生老病死的苦难。由于众多的苦难，他们常处生死轮回的苦海之中。因为五阴聚集的身体，所以在生死中无穷尽地轮回流转。我何时才明晓苦阴聚集的有情身心的假相，根本消除生老病死的痛苦？

"太子又沉思道：生死从何而起？缘何而有？就以智慧洞观生死的根由，从生才有老、死，生是老、死的缘起；生又因有而起，有是生之缘；有又从取生起，取是有的缘；取从爱生起，爱是取的缘；爱从受生起，受是爱的缘；受从触生起，触是受的缘；触从六入生起，六入是触的缘；六入从名色生起，名色是六入的缘；名色从识生起，识是名色的缘；识从行生起，行是识的缘；行从痴生起，痴是行的缘。因此，由于有痴，才有行；因为有行，才有识的发生；由于识，而有名色的发生；由于名色，而有六入的发生；由于六入，而有触的发生；由于触，而有受的发生；由于受，而有爱的发生；由于爱，而有取的发生；由于取，而有有的发生；由于有，而有生的发生；由于生，而有衰老、病痛、死亡、忧伤、悲哀、苦难、烦恼等的发生。有情识众生的种种苦难都来自生，所以才众苦聚集，难以超脱。菩萨冥思苦难聚集有情众生的身心时，成就了法智、法眼，成就了觉悟、知解，成就了神通、慧命，成就了菩提解脱。

"当时，菩萨又独自沉思：怎样才能没有老、死之苦呢？怎样才能消除老、死之苦呢？菩萨就以自我觉悟的智慧洞观生死的根源，没有生，所以才没有老、死；消除生，所以才了断老、死。有不存在了，才没有生；有消除了，生才消除。取不存在了，有才会不存在；取了断了，有才会了断。爱不存在了，取才会消失；爱灭除了，取才灭除。受不存在，所以爱才不存在；受灭除了，爱才消失。触不存在，受才不存在；触消失了，受才消失。六入不存在，触才不存在；六入消失了，触才消失。名色没有了，才会没有六入；名色消除了，六入才消除。识不存在，所以名色才不存在；识消除了，名色才会消除。行不存在，所以识才不存在；行消除了，识才消失。痴不存在，行才不存在；痴了断了，行才会灭除。因此，痴灭，行才灭；行灭，识才灭；识灭，名色才灭；名色灭，六入才灭；六入灭，触才灭；触灭，受才灭；受灭，爱才灭；爱灭，取才灭；取灭，有才灭；有灭，生才灭；生灭，衰老、死亡、忧伤、悲痛、苦难、烦恼才会彻底了断。菩萨冥思了断有情众生的身心痛苦时，成就了法智、法眼，成就了觉悟、知解，成就了神通、慧命，成就了菩提解脱。那时候，菩萨逆观、顺观十二因缘，如实知解，如实领会，即座而成就无上正等正觉。"

2 游行经之一

原典

　　尔时，世尊即从座起，诣法讲堂，就座而坐，告诸比丘："我当为汝说七不退法，谛听！谛听！善思念之。"

　　时，诸比丘白佛言："唯然，世尊！愿乐欲闻。"

　　佛告诸比丘："七不退法者，一曰数相集会，讲论正义，则长幼和顺，法不可坏；二曰上下和同，敬顺无违，则长幼和顺，法不可坏；三曰奉法晓忌，不违制度，则长幼和顺，法不可坏；四曰若有比丘，力能护众，多诸知识，宜敬事之，则长幼和顺，法不可坏；五曰念护心意，孝敬为首，则长幼和顺，法不可坏；六曰净修梵行，不随欲态，则长幼和顺，法不可坏；七曰先人后己，不贪名利，则长幼和顺，法不可坏。"

佛告比丘："复有七法，令法增长，无有损耗。一者乐于少事，不好多为，则法增长，无有损耗；二者乐于静默，不好多言；三者少于睡眠，无有昏昧；四者不为群党，言无益事；五者不以无德而自称誉；六者不与恶人而为伴党；七者乐于山林闲静独处。如是比丘，则法增长，无有损耗。"

佛告比丘："复有七法，令法增长，无有损耗。何谓为七？一者有信，信于如来、至真、正觉，十号^①具足；二者知惭，耻于己阙；三者知愧，羞为恶行；四者多闻，其所受持，上、中、下善，义味深奥，清净无秽，梵行^②具足；五者精勤苦行，灭恶修善，勤习不舍；六者昔所学习，忆念不忘；七者修习智慧，知生灭法，趣贤圣要，尽诸苦本。如是七法，则法增长，无有损耗。"

佛告比丘："复有七法，令法增长，无有损耗。何谓为七？一者敬佛，二者敬法，三者敬僧，四者敬戒，五者敬定，六者敬顺父母，七者敬不放逸。如是七法，则法增长，无有损耗。"

佛告比丘："复有七法，则法增长，无有损耗。何谓为七？一者观身不净，二者观食不净，三者不乐世间，四者常念死想，五者起无常想，六者无常苦想，七者苦无我想。如是七法，则法增长，无有损耗。"

佛告比丘："复有七法，则法增长，无有损耗。何谓为七？一者修念觉意，闲静无欲，出要无为；二者修法觉意③；三者修精进觉意④；四者修喜觉意⑤；五者修猗觉意⑥；六者修定觉意⑦；七者修护觉意⑧。如是七法，则法增长，无有损耗。"

佛告比丘："有六不退法，令法增长，无有损耗。何谓为六？一者身常行慈，不害众生；二者口宣仁慈，不演恶言；三者意念慈心，不怀坏损；四者得净利养，与众共之，平等无二；五者持贤圣戒，无有阙漏，亦无垢秽，必定不动；六者见贤圣道，以尽苦际。如是六法，则法增长，无有损耗。"

佛告比丘："复有六不退法，令法增长，无有损耗。一者念佛，二者念法，三者念僧，四者念戒，五者念施，六者念天。修此六念，则法增长，无有损耗。"

与诸比丘说戒、定、慧。修戒获定，得大果报；修定获智，得大果报；修智心净，得等解脱，尽于三漏⑨：欲漏、有漏、无明漏。已得解脱，生解脱智。生死已尽，梵行已立，所作已办，不受后有。

注释

①**十号**：指释迦牟尼佛或诸佛通号的十大名号。又称如来十号、十种通号：如来、应供、正遍知、明行足、善逝、世间解、无上士、调御丈夫、天人师、佛世尊。

（一）如来：音译多陀阿伽陀，谓乘如实之道而来，而成正觉之义。（二）应供：音译阿罗汉，意指应受人、天之供养。（三）正遍知：音译三藐三佛陀，能正遍了知一切之法。（四）明行足：即天眼、宿命、漏尽三明及身、口之行业悉圆满具足。（五）善逝：乃以一切智为大车，行八正道而入涅槃。（六）世间解：了知众生、非众生两种世间，故知世间灭及出世间之道。（七）无上士：如诸法中，涅槃无上；在一切众生中，佛亦无上。（八）调御丈夫：佛大慈大智，时或软美语，时或悲切语、杂语等，以种种方便调御修行者，使往涅槃。（九）天人师：示导众生何者应做何者不应做，是善是不善，令彼等解脱烦恼。（十）佛世尊：佛，即自觉、觉他、觉行圆满，知见三世一切诸法；世尊，即具备众德而为世人所尊重恭敬。

②**梵行**：佛教名词。梵为清净之义。梵行特指修断淫欲的行法。修习梵行者能生梵天。梵行亦指佛教证达

涅槃境界的行法。

③**法觉意**：佛教名词。七觉意之一。指依据佛理辨别是非善恶的觉悟能力。

④**精进觉意**：佛教名词。七觉意之一。指努力修习佛法，而精进不懈。

⑤**喜觉意**：佛教名词。七觉意之一。指因悟佛法，于意适悦。

⑥**猗觉意**：佛教名词。又作轻安觉意。七觉意之一。因修断烦恼，身心调畅。

⑦**定觉意**：佛教名词。七觉意之一。心注一境，思悟善法。

⑧**护觉意**：佛教名词。又作舍觉意。七觉意之一。平等寂灭，心无偏颇。

⑨**三漏**：佛教名词。漏即烦恼之异名。三漏指，欲漏，欲界除无明外的一切烦恼；有漏，色界、无色界中除无明外的一切烦恼；无明漏，欲界、色界、无色界三界中的无明烦恼。

译文

那时，世尊起座来到法堂就座而坐，对比丘们说："我准备给你们讲七不退法，请大家仔细听，并善加忆持、领会。"

当时，比丘们都异口同声说："太好了，世尊！我们都非常喜欢听闻。"

佛告诉比丘们说："七不退法即，一、常常互相聚集一起探讨佛理，则能同心同德，和睦相处，佛法不坏；二、上下一致，尊敬长者和护佑青年，则能同心同德，和睦相处，佛法不坏；三、奉持佛法，明晓戒律，不违背规章制度，则能同心同德，和睦相处，佛法不坏；四、如有比丘能护持众人，知识广博，大家都理应敬崇他，则能同心同德，和睦相处，佛法不坏；五、应该以孝敬之心护念群生，则能同心同德，和睦相处，佛法不坏；六、清心寡欲，勤修佛法，不追逐物欲，则能同心同德，和睦相处，佛法不坏；七、先人后己，不贪名利，则能同心同德，和睦相处，佛法不坏。"

佛对比丘们说："还有七种法门，能使佛法发扬光大，没有损耗。一、清虚无为，静默为修，则佛法能发扬光大，没有损耗；二、清静冥思，不尚浮夸，则佛法能发扬光大；三、不贪睡昏沉，没有昏昧；四、不结党营私，谈无益的事；五、自己无德无能，决不自我标榜，妄自称誉；六、不与恶人狼狈为奸，决不与邪恶同流合污；七、欣乐于山林静修，于闲静独处中勤修善法。比丘们！如此则能使佛法发扬光大，没有损耗。"

佛对比丘们说："又有七种法门，能使佛法发扬光大，没有损耗。哪七种法门呢？一是具信仰，信仰如来、至真、正觉，十号具足；二是有羞惭感，耻于己短；三是有愧疚心，以邪恶为羞耻；四是多学多闻，所闻学的知识，义味深奥，清净无秽，梵行具足；五是精勤苦行，灭恶修善，坚持不懈怠；六是温故而知新，牢记曾学习的佛法；七是修习智慧，理解一切生灭有为法，趋归贤圣正道，了断一切苦难的本源。如此七种法要，则能使佛法发扬光大，没有损耗。"

佛告诉比丘们说："又有七种法要，能使佛法发扬光大，没有损耗。哪七种法要呢？一是敬奉佛陀，二是敬奉佛法，三是敬奉出家僧众，四是敬奉戒律，五是敬奉禅定，六是敬奉孝顺父母，七是敬持佛法而心不懈怠。如此七种法要，则能使佛法发扬光大，没有损耗。"

佛告诉比丘们说："又有七种法要，能使佛法发扬光大，没有损耗。哪七种法要呢？一是心观肉身污浊不净，二是心观食物污浊不净，三是不执着世间享乐，四是经常冥想有生必有死，五是经常冥思生命无常，六是常怀无常是苦，七是具有苦难并无实体我的思想。如此七种法要，则能使佛法发扬光大，没有损耗。"

佛告诉比丘们说："又有七种法要，若勤加奉持，则能使佛法发扬光大，没有损耗。哪七种法要呢？一是修习念觉支，身心闲静，清心寡欲，无为而解脱；二是修习法觉支，明辨真伪善恶；三是修习精进觉支，努力修善，坚持不懈；四是修习喜觉支，以悟解善法为生命的喜悦；五是修习猗觉支，断除烦恼，身心调畅；六是修习定觉支，心注一境，禅定解脱；七是修习舍觉支，护念佛法而舍弃一切分别。如此七种法要，则能使佛法发扬光大，没有损耗。"

佛告诉比丘们说："有六不退法，勤加奉持，则能使佛法发扬光大，没有损耗。哪六种不退之法呢？一是身常行仁慈，不残害生命；二是口常行仁慈，不出恶言恶语；三是心常怀仁慈，没有败坏之意；四是自己得到清净的利益，则与众人分享，平等对待；五是奉持清净戒，从无缺失遗漏，亦没有污垢杂染，不受环境利诱；六是勤修佛道，超脱苦界而得根本解脱。如此六种法要，则能使佛法发扬光大，没有损耗。"

佛告诉比丘们说："又有六不退法，能使佛法发扬光大，没有损耗。一是心念佛陀，二是心念佛法，三是心念僧宝，四是心念清净戒，五是心念清净施，六是心念死后生天。若能修持如此六念，则能使佛法发扬光大，没有损耗。"

佛与比丘们宣讲戒、定、慧三学。修持戒清净，获证禅定，定得广大果报；修持禅定，获证解脱智慧，定得广大果报；修持清净智慧，心无挂碍，即得同于解脱的广大果报，了断三大烦恼：欲界烦恼、色界烦恼以及更根本的无明烦恼。获得解脱之后，即生解脱的智慧。从此，生死断尽，梵行确证，成就一切功德，消除来世果报。

原典

尔时，世尊告诸清信士①曰："凡人犯戒，有五衰耗。何谓为五？一者求财所愿不遂；二者设有所得，日当衰耗；三者在所至处，众所不敬；四者丑名恶声，流闻天下；五者身坏命终，当入地狱。"

又告诸清信士："凡人持戒，有五功德。何谓为五？一者诸有所求，辄得如愿；二者所有财产，增益无损；三者所往之处，众人敬爱；四者好名善誉，周闻天下；五者身坏命终，必生天上。"

注释

①**清信士**：即梵语优婆塞 Upāsaka 的意译。亦译作信士。指皈依佛、法、僧并受持佛教五戒的男子。亦称清信男。与之相应，则有信女、清信女，即优婆夷 Upāsikā。

译文

那时，世尊告诉信士们说："凡人违犯清净戒的话，那就会有五种衰落和损失。哪五种衰落和损失呢？一是希求钱财而落空；二是即使有所获得，亦有一天会衰落和遭受损失；三是在犯戒者所到之处，大家都不尊敬他；四是犯戒者臭名昭著，恶名远扬，遭天下唾弃；五是犯戒者命终时，当入十八层地狱。"

世尊又告诉清信士们说："凡人若持守清净戒的话，则具有五种功德。哪五种功德呢？一是持清净戒者有所求，则能如愿以偿，心想事成；二是持清净戒者的所有财产，只有增益而没有损失；三是持清净戒者所到之处，深受人们敬爱；四是持清净戒者美名远扬，称誉天下；五是持清净戒者命终时，来世必生在天界。"

原典

佛告阿难："今当为汝说于法镜①，使圣弟子知所生处，三恶道②尽，得须陀洹③，不过七生，必尽苦际④，亦能为他说如是事。

"阿难！法镜者，谓圣弟子得不坏信，欢喜信佛、如来，无所着，等正觉，十号具足。欢喜信法真正微妙，自恣所说，无有时节，示涅槃道，智者所行。欢喜信僧，善共和同，所行质直，无有谀谄。道果成就，上下和顺，法身具足。向须陀洹，得须陀洹；向斯陀含，得斯陀含⑤；向阿那含，得阿那含⑥；向阿罗汉，得阿罗汉⑦。四双八辈⑧，是谓如来贤圣之众，甚可恭敬，世之福田⑨。信贤圣戒，清净无秽，无有缺漏，明哲所行，获三昧定。

"阿难！是为法镜，使圣弟子知所生处，三恶道尽，得须陀洹，不过七生，必尽苦际。"

尔时，世尊告毗舍离诸隶车⑩曰："世有五宝甚为难得。何等为五？一者如来至真出现于世，甚为难得；二者如来正法能演说者，此人难得；三者如来演法能信解者，此人难得；四者如来演法能成就者，此人难得；五者临危救厄知反复者，此人难得。是谓五宝难得也。"

注释

①**法镜**：佛教名词。喻指佛法智慧能映照一切万法，无一遗漏。

②**三恶道**：佛教名词。亦称三恶趣。佛教认为，犯有恶业的众生将趣归三种空间：地狱道、饿鬼道、畜生道，故名三恶道。与此相对，则有三善道：天道、人道、阿修罗道。

③**须陀洹**：佛教名词。意为初入圣道，可译曰"入流"，又译为"预流"。须陀洹是小乘佛教修行所达到的四种道果之一，被称为声闻四果之初果。

④**苦际**：佛教名词。意为苦难的终结，受生死轮回之苦的最后之身。

⑤**向斯陀含、斯陀含**：佛教名词。斯陀含，意译为"一来"，一度往来之义，指斯陀含处于人天之间受生一次，方断欲界。斯陀含为声闻四果的第二果。向斯陀含，指趋向斯陀含果位的因地。

⑥**向阿那含、阿那含**：佛教名词。阿那含，意译为"不还"，指断尽欲界烦恼的圣者果位，不再还来欲界。阿那含是声闻乘四果的第三果。向阿那含，指趋向阿那含果位的因地。

⑦**向阿罗汉、阿罗汉**：佛教名词。阿罗汉，译作杀贼、应供、不生，是小乘佛教修行所能达到的终极道果。阿罗汉灭尽一切烦恼而证入涅槃的解脱境界，是声闻四果的第四果。阿罗汉断尽一切见、思二惑，故谓杀贼；阿罗汉应受人、天供养，故名应供；阿罗汉一世果报已尽，永入涅槃，不再来生三界，故称不生。向阿罗汉，指趋向阿罗汉果位的因地。

⑧**四双八辈**：佛教名词。指小乘四向四果的圣者，一向一果为一双，向须陀洹和须陀洹果、向斯陀含和斯

陀含果、向阿那含和阿那含果、向阿罗汉和阿罗汉果，共为八辈。

　　⑨福田：佛教名词。指能生长来世福报的一切根基。

　　⑩隶车：亦音译为离车，指毗舍离城中的刹帝利种姓。

译文

　　佛对阿难说："今天为你讲法镜义，使佛门弟子明白死后的去处，断尽地狱、饿鬼、畜生三恶道，证得声闻乘的须陀洹果，不超过七生，必定断除欲界一切烦恼，并且能够为他人说这些事。

　　"阿难！所谓法镜，指佛门弟子具有坚定信仰，内心愿意信仰佛、如来，无所执着，真正觉悟，十号具足之智者。内心愿意信仰佛法真实而确切，微妙而无穷，随机说法，因时利导，佛法开示的涅槃解脱道，是世间智者修行的根本道路。内心愿意信仰比丘僧良善无争，团结一致，行为正直，实事求是，无妄无诈。修道证果，终有成就，上下顺达，功德具足。趣向须陀洹，则能获须陀洹果；趣向斯陀含，则能获斯陀含果；趣向阿那含，则能获阿那含果；趣向阿罗汉，则能获阿罗汉果。回向四果，俱能成就，即是如来的贤圣弟子，非常值得世人恭敬，是世间造福的根基。从内心信仰佛教戒律，清净而没有垢秽，完整而没有缺漏，有志者持戒修行，则能获得正定。

"阿难！这就是法镜，能使佛弟子明白死后的去处，断尽地狱、饿鬼、畜生三恶道的轮回之苦，证达须陀洹的果位，不超过七生，必定了断欲界一切烦恼而解脱。"

那时，世尊告诉毗舍离城的刹帝利们说："世间有五种宝藏非常难遇。哪五种宝藏呢？一是如来出现于世间，非常难遇；二是能够讲说如来教法的贤人，非常难遇；三是能够信解如来教法的智者，非常难遇；四是能够成就如来教法的行者，非常难遇；五是困厄之时挺身而出、坚忍不拔的志士，非常难遇。这就是所谓世间有五种宝藏非常难遇。"

原典

于时，彼土谷贵饥馑，乞求难得。佛告阿难："敕此国内现诸比丘，尽集讲堂。"对曰："唯然。"即承教旨，宣令远近普集讲堂。

是时，国内大众皆集，阿难白佛言："大众已集，唯圣知时。"

尔时，世尊即从座起，诣于讲堂，就座而坐，告诸比丘："此土饥馑，乞求难得。汝等宜各分部，随所知识，诣毗舍离及越祇国①，于彼安居，可以无乏。吾独与阿难于此安居，所以然者，恐有短乏。"是时，诸比丘受教即行，佛与阿难独留。

　　于后夏安居②中，佛身疾生，举体皆痛。佛自念言：我今疾生，举身痛甚，而诸弟子悉皆不在，若取涅槃，则非我宜。今当精勤，自力以留寿命。

　　尔时，世尊于静室出，坐清凉处。阿难见已，速疾往诣，而白佛言："今观尊颜，如有少损。"

　　阿难又言："世尊有疾，我心惶惧，忧结荒迷，不识方面。气息未绝，犹少醒悟。默思如来未即灭度，世眼③未灭，大法未损，何故今者不有教令于众弟子乎？"

　　佛告阿难："众僧于我有所须耶？若有自言：'我持众僧，我摄众僧。'斯人于众应有教令。如来不言：'我持于众，我摄于众。'岂当于众有教令乎？阿难！我所说法，内外④已讫，终不自称所见通达。吾已老矣，年且八十，譬如故车，方便修治，得有所至。吾身亦然，以方便力得少留寿，自力精进，忍此苦痛，不念一切想，入无想定⑤时，我身安隐⑥，无有恼患。是故，阿难！当自炽燃，炽燃于法，勿他炽燃；当自归依，归依于法，勿他归依。云何自炽燃，炽燃于法，勿他炽燃？

当自归依，归依于法，勿他归依？阿难！比丘观内身，精勤无懈怠，忆念不忘，除世贪忧。观外身，观内身、外身，精勤不懈怠，忆念不忘，除世贪忧。受、法、意观，亦复如是。是谓，阿难！自炽燃，炽燃于法，勿他炽燃；当自归依，归依于法，勿他归依。"

佛告阿难："吾灭度后，能有修行此法者，则为我真弟子、第一学者。"

注释

①**越祇国**：地名。为佛世时印度十六大国之一。又作跋耆、跋阇、毗离子。意译增胜。亦为中印度北部之种族名。据《大唐西域记》卷七载，此国周围有四千余里，东西较长，南北较狭，土地膏腴，花果茂盛，气候微寒，人性急躁。人民多敬事外道，少信佛法，僧徒兼学大小二乘。其首都为占戍拿，然多已颓毁。故城之西有阿育王塔及佛发爪塔，城西河滨有佛陀济度大鱼、渔夫之遗迹。

②**后夏安居**：佛教名词。印度佛教徒规定每年有三个月为安居期，禁止外出而致力坐禅修学，亦称坐夏等。始安居为结夏，终安居为解夏。安居期可分前、中、后三期，始于四月十六日者为前安居，始于五月

十六日者为后安居，始于其中间为中安居；安居期亦可分前、后两期，始于五月十六日为前安居，始于六月十六日则为后安居。安居期共有九十天。

③**世眼**：亦称世间眼，佛教里对佛及菩萨的尊称。佛能为世间之眼，指示正确的道路；亦能开世间之眼，使世间看到正确的生命道路。

④**内外**：内指内教、内道，佛教自称其教道为内，而其他教或道为外。佛学为内学，异学为外学。

⑤**无想定**：佛教名词。指欲得无想天之果位而修持的灭一切心的禅定方法。一般为外道学者所修持。

⑥**安隐**：佛教名词。安隐观与出离观是小乘佛教的修持观门。通过修持安隐观，能够不为一切痛苦烦恼所困，达到身心安稳不动的精神境界。

译文

那时，毗舍离粮食匮乏，民众饥馑，难以乞讨食物。佛对阿难说："你通知全国的比丘僧众，全都集中到讲堂来。"

阿难马上照办，通知全国比丘集中到讲堂。

全国僧众都到齐后，世尊就来到讲堂，就座而坐，告诉比丘们说："现在全国发生饥荒，乞食很困难。你们大家应该分别随同相识的人，前往毗舍离国和越祇国，到那里安居，教化修行，以解除饥困。我与阿难就决定留下来了，因为，我恐怕无法长途跋涉。"当时，比丘们都听命而去，只有佛和阿难留下来。

在夏安居期时，佛陀开始患病，浑身疼痛。佛陀自己心想：我现在患病了，全身痛苦不堪，可弟子们又都不在身边，我如果现在就入涅槃，那就太不是时宜了。现在我应该精勤修行，努力护留生命。

当时，世尊走出静室，坐到清凉的地方。阿难见此情景，就马上来到佛陀身边，对佛说："看世尊脸色苍白，好像病了。"

阿难又说："世尊有病，我心里惶恐不安，忧心如焚，神思恍惚。我生命虽存，却尚未觉悟。默念如来不会就灭度，世眼未灭，大法未损，为何现在不为佛弟子们留下教示呢？"

佛告诉阿难说："比丘僧们需要我什么呢？如有人说：'我如来扶持着众僧，我如来守护着众僧。'如来对众僧应有所教示。如来不曾说：'我扶持着众僧，我守护着众僧。'怎能对众僧有所教示呢？阿难！我的一切教说，尽管内学、外学都已参究，但终不能自称一切学说都已通达自如。我已垂垂老矣，年将八十，就像一架旧车，需要进行修理才能前进。我的身体亦是如此，借修行的力量才稍微延留生命，靠自身的意志忍受病痛的折磨，摈除一切杂念，心神进入无想定的精神境界时，我的身心安详而宁静，没有烦恼和痛患。阿难！所以说，应当自己炽燃生命，并且炽燃佛法，而不是由他人炽燃；应当自己皈依生命，并且皈依佛法，而不是皈依于他人。何谓'自己炽燃生命，并且炽燃佛法，而不是由他人炽燃；应当自己皈依生命，并且皈依佛法，而不是皈依于他人'呢？阿难！比丘通过观察内身不净，精勤奋勉而不懈怠，忆持不忘，清除世间种种贪欲和忧患。观察外身诸境无常，通过观察内身不净、外境无常，精勤奋勉而不懈怠，忆持不忘，清除世间种种贪欲和忧患。受念处、法念处、意念处，亦莫不如此修持。所以说，自己炽燃生命，并且炽燃佛法，而不是由他人炽燃；自己皈依生命，并且皈依佛法，而不是皈依于他人。"

佛告诉阿难说："我灭度后，能够修行这种教法者，才是我真正弟子、世间第一学者。"

3 游行经之二

　　尔时，世尊即诣讲堂，就座而坐，告诸比丘："汝等当知我以此法自身作证，成最正觉，谓：四念处①、四意断②、四神足③、四禅④、五根⑤、五力⑥、七觉意⑦、贤圣八道⑧。汝等宜当于此法中和同敬顺，勿生诤讼，同一师受，同一水乳。于我法中宜勤受学，共相炽燃，共同娱乐。比丘当知我于此法自身作证，布现于彼。谓：贯经⑨、祇夜经⑩、受记经⑪、偈经⑫、法句经⑬、相应经⑭、本缘经⑮、天本经⑯、广经⑰、未曾有经⑱、证喻经⑲、大教经⑳。汝等当善受持，称量分别，随事修行。所以者何？如来不久，是后三月，当般泥洹。"

　　诸比丘闻此语已，皆悉愕然，殒绝迷荒，自投于地，举声大呼，曰："一何驶哉！佛取灭度。一何痛哉！世间眼灭。我等于此，已为长衰。"或有比丘悲泣躄踊，宛转嗥咷，不能自胜，犹如斩蛇，宛转回遑，莫知所凑。

佛告诸比丘曰："汝等且止，勿怀忧悲。天地人物，无生不终。欲使有为不变易者，无有是处。我亦先说，恩爱无常，合会有离。身非己有，命不久存。"尔时，世尊以偈颂曰：

> 我今自在，到安隐处；
> 和合大众，为说此义。
> 吾年老矣，余命无几；
> 所作已办，今当舍寿。
> 念无放逸，比丘戒具；
> 自摄定意，守护其心。
> 若于我法，无放逸者；
> 能灭苦本，尽生老死。

注释

①**四念处**：佛教名相。亦称四念住、四意止。指以佛教智慧的力量保持忆念。佛教以此对治众生"常、乐、我、净"的四种颠倒妄见。四念处的具体内容为：

（一）身念处，观身不净；（二）受念处，观受是苦；（三）心念处，观心为无常；（四）法念处，观法为无我。四念处观是小乘佛教的重要修持法门。

②**四意断**：佛教名相。亦作四正勤、四正断。指佛教四种勤修法门，三十七道品中列在四念处之后，包括：努力断除已生之恶，努力防止未生之恶，努力保持已生之善，努力培养未生之善。

③**四神足**：佛教名相。亦称四如意足。指四种可达神通的禅定修持：（一）欲神足，由希求达到神通的欲力生发禅定；（二）心神足，亦称念神足，由心念之力发起禅定；（三）勤神足，亦称精进神足，由努力止恶扬善的精进力发起禅定；（四）观神足，亦称慧神足、思维如意足，思维佛慧而发起禅定。

④**四禅**：佛教名相。亦称四静虑、四色界定。小乘佛教认为，四禅是对治迷妄、成就功德的四种基本禅定，其内容是：初禅，由寻、伺而厌离欲界，生喜乐的身心感受；二禅，由内在信念（内等净）而生喜乐；三禅，舍弃二禅的喜乐感受，正确忆持佛法，达到佛慧的禅定，生离喜妙乐；四禅，舍三禅的喜乐感受，唯念佛法的清净功德，生非苦非乐的身心感受。佛教相信，修持四禅者可脱离欲界，生往色界四禅天。

⑤**五根**：佛教名相。其内容为：信根，归信佛、

法、僧三宝；精进根，又名勤根，勇猛勤修善法；念根，忆持佛法而不忘怀；定根，使心神专注一境而不散乱；慧根，思维修持佛慧。佛教认为，五根是众生断恶生善的根本。

⑥**五力**：佛教名相。佛教相信五根能生五力，即信根生信力，坚信佛、法、僧三宝，具有破除一切疑惑的力量；精进根生精进力，能破除种种身心懈怠；念根生念力，能破除一切邪念；定根生定力，能破除种种迷乱杂念；慧根能生慧力，能破除一切迷妄，成就智慧解脱。

⑦**七觉意**：佛教名相。亦作七觉支、七觉分、七等觉支、七菩提分等。指达到佛教根本觉悟的七种修持品类。念觉支，于境铭记不忘；择法觉支，根据佛慧简择诸法的真伪善恶；精进觉支，坚持不懈地勤修善法；喜觉支，解悟善法，心意喜悦；轻安觉支，亦称猗觉支，断除身心种种烦恼，身心畅达；定觉支，心注一境而不散乱；行舍觉支，又称舍觉支，舍一切谬见和诸法分别，平等寂静，心无挂碍。

⑧**贤圣八道**：佛教名相。亦称八正道、八圣道、八圣道分、八直圣道、八支圣道等。八正道是小乘佛教的根本修法，亦是三十七道品乃至整个道谛内容的概括。其内容包括：正见、正思维（亦作正思、正志）、正语、

3	4	5	111	18	28	53	32	54	63	55	56	44	65
增一阿含经	杂阿含经	金	佛教新出碑志集粹	六祖坛经	碧岩录	天台四教仪	禅门师资承袭图	金刚錍	华严学	教观纲宗	摩诃止观	万善同归集	解深密经

《中国佛学经典宝藏》

华人佛学界顶级专家团队编撰。大陆首次引进简体中文版。
读得懂，买得起，藏得下的"白话精华大藏经"。

星云大师
总监修
"人间佛教"的践行本

专家推荐

星云大师常常说，佛学不是少数人的专利，它应该是每一个人都能够接触的。这套书推动了白话佛学经典的完成。

——依空法师

佛光山长老，文学博士，印度哲学博士

星云大师对编修《中国佛学经典宝藏》非常重视，对经典进行注、译，包括版本源流梳理，这对一般人去看经典、理解经典的思想，是有帮助的。

——赖永海

南京大学教授，旭日佛学研究中心主任

《中国佛学经典宝藏》精选了很多篇目，是能够把佛法的精要，比较全面地给予介绍。

——王志远

中国社会科学院研究生院导师，中国宗教协会副会长

《中国佛学经典宝藏》白话版系列丛书，共计132册，由星云大师总监修，大陆、台湾百余专家学者通力编撰而成。

丛书依大乘、小乘、禅、净、密等性质编号排序，将古来经律论中之经典著作，依据思想性、启发性、教育性、人间性的原则，做了取其精华、舍其艰涩的系统整理。每种经典都按原文、注释、译文等体例编排，语言力求通俗易懂、言简意赅，让佛学名著真正做到雅俗共赏；还以题解、源流、解说等章节，阐述经文的时代背景、影响价值及在佛教历史和思想演变上的地位角色。丛书还开创性地收录了一些有代表性的现代读本。

传统大藏经 VS 中国佛学经典宝藏

第一回合
卷帙浩繁 VS **精华集萃**
普通人阅读没头绪、没精力、看不懂。
星云大师亲读132种书目，提纲挈领，方便读证。

第二回合
古文艰涩 **白话精译**
繁体竖排 VS **简体横排**
佛经文辞晦涩，多用繁体竖排版：读经门槛高。
经典原文搭配白话精译，既可直通经文，又可研习原典。

第三回合
经义玄奥 **专家注解**
难尝法味 VS **普利十方**
微言大义，法义幽微，没有明师指引难理解。
华人佛学界顶级专家精注精解，一通百通。

《中国佛学经典宝藏》目录

手机淘宝
扫一扫

深入经藏，智慧如海。

本套佛学经典适合系统的修习、诵读和佛堂珍藏。

咨询电话：尤冲 010-85924661

正业、正命、正精进、正念、正定。

⑨**贯经**：佛教名词。亦称契经、修多罗。属十二分教（或称十二部经）之一。经中直说者，为散文体经文。

⑩**祇夜经**：佛教名词。亦称重颂、应颂。与修多罗相应，重宣教义，采用颂体。

⑪**受记经**：佛教名词。梵语音译和伽罗那，意作授记、记别。指佛分别授记弟子未来修行果位的经文。

⑫**偈经**：佛教名词。梵语音译伽陀，意作讽颂、孤起颂。不说长行，直说偈句的经文。十二部经之一。

⑬**法句经**：佛教名词。意谓真理的话语。系由收集诸经中佛之自说偈句编集而成。

⑭**相应经**：记述佛陀及诸弟子所说的经文。

⑮**本缘经**：即本生经，梵文音译阇陀伽。佛说过去世自身因缘的经文。

⑯**天本经**：亦译作缘起经，梵语尼陀那。记述佛说经律因缘的经文。

⑰**广经**：或称方广经，梵文音译毗佛略。为佛所说的方正广大教义的经文。

⑱**未曾有经**：或称希法，梵文音译阿浮陀达磨。记佛显现种种神通的经文。

⑲**证喻经**：亦译作譬喻经，梵语阿波陀那。为经中譬喻部分。

⑳**大教经**：亦译作论议经，梵语优婆提舍。问答和议论诸法义的经文。

译文

当时，世尊来到讲堂就座而坐，对比丘们说："你们大家都要领会我由如是教法亲身做证，成就无上正觉：谓身念处、受念处、心念处和法念处等四念处，四正勤，欲神足、心神足、勤神足、观神足等四神足，四禅定，信、勤、念、定、慧等五根，由五根所生发的五种力量，念觉支等七种觉支，正见、正思、正语、正业、正命、正精进、正念、正定等八正道。你们大家都理应共同依持如是正法，同心同德，和睦相处，无争无讼，同一师受，水乳交融。在如来教法里勤勉受学，精进向善，互相炽燃，互相砥砺。比丘都应该知道，我在如来教法中亲身做证，布化流传世间。如来教法包括：贯经、祇夜经、受记经、偈经、法句经、相应经、本缘经、天本经、广经、未曾有经、证喻经、大教经等十二分教。你们都应当善加领会，善加修持，区别对待，随时修习。为什么呢？因为如来将不久于人世，三个月后将入涅槃。"

比丘们听到这话，全都惊愕不已，伤心欲绝，跪地伏拜，齐声痛呼，说："佛这么早就灭度，实在太快了，作为世间眼的如来即将消失，这实在使我们太伤心了！我们对此都悲痛欲绝。"有的比丘悲泣得捶胸顿足，嗥咷痛哭，无法自制，就像一条被斩首的蛇，宛转回遑，不知所向。

佛告诉比丘说："你们大家都别这样，不要忧伤，不要悲痛。天地人物，有存在就有消亡，有开始就有终结，有生必有死。天地间不存在从不变易的有为法。我亦曾说过，恩爱无常，有相聚就有分离。肉体并非属于自己，终将消亡；人的生命并非永生，终将消亡。"当时，世尊作偈颂说：

> 我身心自在解脱，到最安稳之地；
> 今天召集起大家，讲解佛法要义。
> 我年高垂垂老矣，有生之日无几；
> 我已经成就一切，就要告别人世。
> 望你们从不懈怠，恪守比丘戒律；
> 能够自摄禅定意，护持佛法心义。
> 若能够修持佛法，从不轻易放逸；
> 就必定灭一切苦，断尽生老死苦。

原典

佛告诸比丘："当与汝等说四大教法^①。谛听！谛听！善思念之。

"何谓为四？若有比丘作如是言：'诸贤！我于彼村、彼城、彼国躬从佛闻，躬受是教。'从其闻者，不应不信，亦不应毁。当于诸经推其虚实，依律、依法究其本末。若其所言非经、非律、非法，当语彼言：'佛不说此，汝谬受耶。所以然者，我依诸经，依律，依法，汝先所言与法相违。贤士！汝莫受持，莫为人说，当捐舍之。'若其所言依经、依律、依法者，当语彼言：'汝所言是真佛所说。所以然者，我依诸经，依律，依法，汝先所言与法相应。贤士！汝当受持，广为人说，慎勿捐舍。'此为第一大教法也。

"复次，比丘作如是言：'我于彼村、彼城、彼国，和合众僧，多闻耆旧^②，亲从其闻，亲受是法、是律、是教。'从其闻者，不应不信，亦不应毁。当于诸经推其虚实，依法、依律究其本末。若其所言非经、非律、非法者，当语彼言：'佛不说此，汝于彼众谬听受耶。所以然者，我依诸经，依律，依法，汝先所言与法相违。贤士！汝莫持此，莫为人说，当捐舍之。'若其所言依经、依律、依法者，当语彼言：'汝所言是真佛所说。所以者何？我依诸经，依律，依法，汝先所言与法相应。贤士！汝当受持，广为人说，慎勿捐舍。'此为第二大教法也。

"复次，比丘作如是言：'我于彼村、彼城、彼国，众多比丘持法、持律、持律仪者，亲从其闻，亲受是法、是律、是教。'从其闻者，不应不信，亦不应毁。当于诸经推其虚实，依法、依律究其本末。是为第三大教法也。

"复次，比丘作如是言：'我于彼村、彼城、彼国，一比丘持法、持律、持律仪者，亲从其闻，亲受是法、是律、是教。'从其闻者，不应不信，亦不应毁。当于诸经推其虚实，依法、依律究其本末。是为第四大教法也。"

尔时，世尊入拘尸城③，向本生处娑罗双树④间，告阿难曰："汝为如来于双树间敷置床座，使头北首，面向西方。所以然者，吾法流布，当久住北方。"

对曰："唯然。"即敷座，令北首。

尔时，世尊自四叠僧伽梨⑤偃右胁，如师子王累足而卧。时，双树间所有鬼神笃信佛者，以非时花⑥布散于地。尔时，世尊告阿难曰："此双树神以非时花供养于我，此非供养如来⑦。"阿难白言："云何名为供养如来？"佛语阿难："人能受法、能行法者，斯乃名曰供养如来。"

注释

①**四大教法**：佛教名词。亦称四种广说、四种墨印。佛经对其解说，内容大同小异。《四分律》有"四种广说"，而《十诵律》则名之为"四种墨印"。广说者，就其能说佛法者而名之；墨印者，就其能证之教而名之。《长阿含经》称之为"四大教法"。四大教法，具体表现了佛陀"以法为师"的遗训。

②**耆旧**：耆，年老之义。耆旧，有德高望重之义。

③**拘尸城**：地名。梵语 Kuśinagara 的音译，为释迦牟尼佛入灭之地。

④**娑罗双树**：地名。佛陀涅槃处。

⑤**僧伽梨**：衣服名。为比丘僧的三衣之一，译作复衣等。僧伽梨是比丘三衣中最大者，故称为大衣；又因其条数最多，达九条乃至二十五条之多，故称为杂碎衣；又为比丘入王宫、聚落，乞食、说法时必穿之服，故亦称入王宫聚落时衣。

⑥**非时花**：指不合季节的鲜花。

⑦**供养如来**：佛教认为，供养有种种分别，如财供养，供养香花、饮食等财物；如敬供养，指赞叹恭敬等；行供养或法供养，指受持修行佛法，讲说佛法利益众生。

译文

佛告诉比丘们说："现在给你大家讲说四大教法。请大家仔细听讲，善加忆持。

"什么叫四大教法呢？如果有比丘作如此说：'诸位贤士！我曾经在某村、某城、某国亲听佛说法，亲自接受佛的教化。'听从这种说法，不应该不相信，亦不应该诋毁。你们应当在佛经里推究其虚实，依佛说的戒律、教法推究其来龙去脉。若发现那位比丘所说的非佛经所说、非佛戒所教、非佛法所传，就应当理直气壮地告诉他说：'佛并不是这般说，你可能接受了错误的教法。因为我依据诸佛经、佛戒、佛法，发现你先前所说的与佛法本意有出入。贤士！请你不要再受持这种教法，不要再为他人讲说这种教法，你应当舍弃这种教法。'如果那比丘所说的佛法是依据佛经、佛戒、佛法的，那就应当告诉他说：'你所说的是真正的佛所讲说的教法。因为我根据诸佛经、佛戒、佛法，认为你先前所说的与佛法相应不违。贤士！你应当受持这种佛法，广为人说，希望不要捐舍这种真佛法。'这就是我给大家讲的第一大教法。

"其次，比丘又作如此说：'我曾在某村、某城、某国参学，与比丘僧们一同追随资深学者求道，我亲自听讲，亲身受持这种佛法、这种佛戒、这种教法。'听到那比丘的说法，不应该不相信，亦不应该诋毁。你们应该在佛经里推究其虚伪和真实，依佛法、依戒律推究其来龙去脉。如果那比丘所说的并非佛经、佛戒、佛法所说，就应告诉他说：'佛并不是这般说，你可能从他们那里接受了错误的教法。因为我根据诸佛经、佛戒、佛法，发现你先前所说的都与佛法有出入。贤士！请你不要再固执这种说法，不要再为他人宣讲这种教法，你应当舍弃这种教法。'如果那比丘所说都与佛经、佛戒、佛法相应不二，就应当告诉他说：'你所说的都是真佛所说。为什么呢？因为我根据佛经、佛戒、佛法，认为你先前所说法与佛法相应不二。贤士！你应当受持这种佛法，并广为人说，不要轻易捐舍。'这就是我给大家讲的第二大教法。

"再次，比丘作如此说法：'我曾在某村、某城、某国，跟随众多比丘持守这种佛法，持守这种戒律，持守这种律仪，我亲身听讲，亲身受持这种佛法、这种戒律、这种教法。'你们听到这种说法，不应该不相信，亦不应该加以诋毁。你们应当在佛经里推究其虚伪和真实，根据佛法、戒律推究其来龙去脉。这是我给你们讲的第三大教法。

"最后，比丘作如此说法：'我曾在某村、某城、某国，遇见有一比丘僧持守这种佛法，持守这种戒律，持守这种律仪，我亲自听其说法，并亲身受持这种佛法、这种戒律、这种教说。'你们听到这种说法，不应该不相信，亦不应该加以诋毁。你们应该在佛经里推究其虚伪和真实，并根据佛法、戒律推究其来龙去脉。这就是我给你们讲说的第四大教法。"

那时，世尊来到拘尸城，来到本生处娑罗双树间，世尊对阿难说："你给如来在两棵树之间敷设床座，使头朝北方，脸侧向西方。因为佛法流布，将久住北方。"

阿难答道："是。"立即动手敷座，让佛陀的头朝北方。

那时，世尊把自己的四叠僧服垫到右侧，像狮子王那样叠足而卧。那时候，娑罗双树间所有笃信佛法的鬼神，都以各式各样的鲜花撒满地面。见此情景，世尊告诉阿难说："双树之神以奇特鲜花来供养我，但这并不是真正供养如来。"阿难说："怎么才叫真正供养如来呢？"佛告诉阿难说："能够受持佛法，并且真正修习佛法的人，这才称真正供养如来。"

4 游行经之三

尔时，佛告阿难："时，王①自念：我本积何功德，修何善本，今获果报，巍巍如是？复自思念：以三因缘致此福报。何谓为三？一曰布施，二曰持戒，三曰禅思。以是因缘，今获大报。王复自念：我今已受人间福报，当复进修天福之业。宜自抑损，去离愦闹，隐处闲居，以崇道术。时，王即命善贤宝女，而告之曰：'我今已受人间福报，当复进修天福之业。宜自抑损，去离愦闹，隐处闲居，以崇道术。'女②言：'唯诺。如大王教。'即敕内外，绝于侍观。时，王即升法殿，入金楼观，坐银御床，思维贪、淫、欲、恶、不善，有觉③有观④，离生喜乐，得第一禅⑤；除灭觉观，内信欢悦，敛心专一，无觉无观，定生喜乐，得第二禅[⑥]；舍喜守护，专念心不乱，自知身乐，贤圣所求，护念乐行，得第三禅[⑦]；舍灭苦乐，先除忧喜，不苦不乐，护念清净，得第四禅[⑧]。”

注释

①**王**：指善见王。

②**女**：此指善贤宝女。

③**觉**：佛教名词。梵语菩提Bodhi，亦曾译为道。觉有两义，一为觉察，二为觉悟。觉察，指察知恶法；觉悟，指开悟真理。

④**观**：佛教名词。观亦有两义，其一为观察觉知妄惑之法，其二为达观真理。

⑤**第一禅**：又作离生喜乐地。离欲界恶后，所生得之喜乐。色界初禅天属此。

⑥**第二禅**：又作定生喜乐地。由于禅定之故，住于喜与乐之情态。属色界第二禅。

⑦**第三禅**：又作离喜妙乐地。由于已远离二禅地之喜乐，然犹存有自地之妙乐。属色界第三禅。

⑧**第四禅**：又作舍念清净地。于此禅地，离脱第三禅定之妙乐，故称“舍清净”；仅忆念修养功德，故称

"念清净"；由此之故，住于不苦不乐之感受中。属色界
第四禅。

译文

那时，佛告诉阿难说："当时，善见天王心想：我
究竟积了什么功德，修了什么善行，现在获得如此巨大
的果报？善见天王又思量：我是以三大因缘而获致这种
福报的。哪三大因缘呢？一是布施，二是持戒，三是修
习禅定。由于三大因缘，现在才获广大福报。善见天王
又自思：我现在已经领受人间的广大福报，应当进一步
修习天上福报的善行。我应当自我克制，远离愦闹，独
自静修，勤修解脱之道。就将此事告之善贤宝女，宝
女答言：'一切如大王所说。'立即告示王宫内外，谢
绝所有人员往来。当时善见天王就独入法殿，进入金
楼观，在银御床上，冥思贪欲、邪淫、恶念恶行、不
善等过患，得到有觉有观，得远离欲界恶后，所生得的
喜乐，证得第一禅定；除灭第一禅定时的觉观，敛收心
神，专一不乱，已不执取觉观，由心神专注得定而生喜
乐之情，证第二禅定；舍却对喜乐之情的执着，更专注
而一心不乱，自知身心乐境，是一切修习佛法者所求的
境界，持守乐境不懈，证入第三禅定；舍却灭除一切苦

乐，先得灭除忧愁与喜乐，不怀苦乐之心，只持守清净解脱的境界，得证第四禅定。"

原典

须跋①即入，问讯已，一面坐，而白佛言："我于法有疑，宁有闲暇一决所滞不？"

佛言："恣汝所问。"

须跋即问："云何？瞿昙！诸有别众，自称为师：不兰迦叶②、末伽梨憍舍利③、阿浮陀翅舍金披罗④、波浮迦旃⑤、萨若毗耶梨弗⑥、尼犍子⑦。此诸师等，各有异法。瞿昙沙门能尽知耶？不尽知耶？"

佛言："止！止！用论此为，吾悉知耳。今当为汝说深妙法。谛听！谛听！善思念之。"须跋受教。

佛告之曰："若诸法中无八圣道者，则无第一沙门果⑧，第二、第三、第四沙门果。须跋！以诸法中有八圣道故，便有第一沙门果，第二、第三、第四沙门果。须跋！今我法中有八圣道，有第一沙门果，第二、第三、第四沙门果。外道异众无沙门果。"

佛告诸比丘："汝等若于佛、法、众有疑，于道有疑者，当速谘问，宜及是时，无从后悔。及吾现存，当为汝说。"时，诸比丘默然无言。

佛又告曰："汝等若于佛、法、众有疑，于道有疑，当速谘问，宜及是时，无从后悔。及吾现存，当为汝说。"时，诸比丘又复默然。

佛复告曰："汝等若自惭愧，不敢问者，当因知识，速来谘问，宜及是时，无从后悔。"时，诸比丘又复默然。

阿难白佛言："我信此众皆有净信，无一比丘疑佛、法、众，疑于道者。"

佛告阿难："我亦自知，今此众中最小比丘皆见道迹，不趣恶道，极七往返⑨，必尽苦际。"尔时，世尊即记荝千二百弟子所得道果。

告诸比丘："汝等当观如来时时出世，如优昙钵花⑩时一现耳。是故，比丘！无为放逸。我以不放逸故，自致正觉；无量众善，亦由不放逸得，一切万物无常存者。此是如来末后所说。"

注释

①**须跋：** 为须跋陀罗 Subhadra 的略称，原为拘尸迦城的苦行外道，后成为释迦最后弟子。

②**不兰迦叶：** 人名。梵语 Purana Kassapa，亦作富兰那迦叶，为六师外道之一。他公开否认因果报应论，

他认为"无福无施，无今世后世善恶之报"，因此被认为是无因无缘论和无道德论者。

③末伽梨憍舍利：人名。六师外道之一，梵语Maskarī Gośāliputra。他认为人生皆由命运决定，任何主观努力皆于事无补；他还否认善恶因果报应，反对婆罗门教所提倡的祭祀和布施。末伽梨被认为是古印度重要哲学流派"邪命外道"的创始人。

④阿浮陀翅舍金披罗：人名。六师外道之一，梵语Ajita Kesakambala。他认为人身由地、水、火、风四大所构成，从而否认灵魂存在。他亦反对善恶果报和轮回的理论，否定婆罗门的祭祀与苦行。他被认为是古印度唯物主义哲学派别"顺世论"的先驱者。

⑤波浮迦旃：人名。六师外道之一，梵语Pakudha Kaccāyana，亦作婆浮陀伽旃那。他认为世界和生命是由七种元素构成：地、水、火、风、乐、苦、命。七种元素独立而永恒地存在，不生不灭。其思想表现出二元论的倾向。他亦否认因果报应，众生受苦受乐皆由命运决定，不可改变。其七要素说对印度胜论学派的形成有很大影响。

⑥萨若毗耶梨弗：人名。六师外道之一，梵语Sañjaya Belraṭṭhiputta。他拒绝对存在做肯定或否定的判断，持怀疑论观点；他亦不主张积极修行，认为生命

解脱是一个自然过程。

⑦尼犍子：人名。六师外道之一，梵语 Nigantha Nātaputta，亦作尼乾陀若提子。尼乾陀为其出家之号，意为"脱离束缚"。本名筏驮摩那 Vardhamana，是印度耆那教的创始人，被称为"大雄"。其在世时间与释迦牟尼大致相同。他认为构成世界的元素有两种：命和非命。命即灵魂。众生的命受非命之业的束缚而无法自由，不能从生死轮回中解脱出来。其哲学存在论有多元论的倾向。尼犍子的宗教理论主张宿命论和业报轮回。

⑧沙门果：佛教名词。即修沙门行所获得的果位。沙门果有四，即须陀洹果、斯陀含果、阿那含果、阿罗汉果。

⑨极七往返：佛教名词。亦作极七返、极七有。佛教认为，预流圣者（修须陀洹果），因其不断修惑故，在欲界人天之间，有七次往返生死轮回之中，然后方证阿罗汉果，脱离生死轮回。

⑩优昙钵花：花名。亦作乌昙花，佛经中常以此花喻祥瑞。优昙钵花，即灵瑞之花。多时乃一现。每当花开之时，则有轮王现。花开时间极短暂，成语"昙花一现"由此而来。

须跋走了进去，问候世尊后，退坐一旁。而后，须跋对佛说："我对于佛法有所疑问，不知世尊是否有闲暇时间解答我的疑问？"

佛说："没什么关系的，你尽管问吧。"

须跋就问道："瞿昙！为什么一些人自称为师呢？如不兰迦叶、末伽梨憍舍利、阿浮陀翅舍金披罗、波浮迦旃、萨若毗耶梨弗、尼犍子。这些师说学派，各有不同的思想主张。瞿昙大师能够全都一览无遗吗？还是有些不能够尽知呢？"

佛说："行了。我知道你都想问些什么了。现在我给你讲说深刻而微妙的佛法，你要仔细聆听，善加思维。"须跋欣然受教。

佛对须跋说："如果诸师说学派中没有八正道，那么就没有第一沙门果须陀洹，没有第二沙门果斯陀含、第三沙门果阿那含、第四沙门果阿罗汉。须跋！正是由于诸法中有八正道，所以才有第一沙门果须陀洹、第二沙门果斯陀含、第三沙门果阿那含、第四沙门果阿罗汉。须跋！现在我们佛法中具有八正道，因此就具有第一沙门果须陀洹、第二沙门果斯陀含、第三沙门果阿那含、第四沙门果阿罗汉。而外道异说则全都没有沙门果位。"

佛对比丘们说："如果你们大家对佛、法、僧三宝有疑问，对佛道有困惑，就及时提出来，以免日后懊悔。趁我尚在人世，还能及时给你们讲解。"当时比丘们都沉默无语。

佛又对比丘们说："如果你们对佛、法、僧三宝有疑问，对佛道有困惑，就及时提出来，以免日后懊悔。趁我尚在人世，还能及时给你们讲解。"当时比丘们再次沉默不语。

佛陀再次说："你们如果自感惭愧，不敢直接问我，就应该如同朋友对朋友一样来发问，以免日后懊悔。"当时比丘们仍都默然不语。

阿难见此情景，就对佛陀说："我相信比丘们都具有清净无疑的佛法信念，没有一个比丘怀疑佛、法、僧三宝，怀疑佛道的真理性。"

佛告诉阿难说："我亦心里明白，现在比丘僧众中最年少的比丘僧，亦全都认识到了佛教真理，决不趣归地狱、饿鬼、畜生的三恶道，在七生之地，必定修尽欲界一切烦恼。"当时，世尊就记别了一千二百名佛弟子所修证的道果之位。

佛对比丘们说："你们大家都要认识到如来时时出现于世，就如优昙钵花刹时一现而已。因此，比丘！修习佛法应从不放逸，决不懈怠。我就是从不放逸的修习佛法，终于实现无上觉悟；无穷无尽的善行亦是由从不放逸才获得，一切万物都不可能常存不亡。这是如来最后所说的教法。"

5 阇尼沙经

原典

阇尼沙^①经

时，彼梵童^②还摄神足，处帝释^③坐，告忉利天^④曰："我今当说，汝等善听！如来、至真自以己力开三径路，自致正觉。何谓为三？或有众生亲近贪欲，习不善行。彼人于后近善知识^⑤，得闻法言，法法成就。于是离欲舍不善行，得欢喜心，恬然快乐。又于乐中，复生大喜，如人舍于粗食，食百味饭。食已充足，复求胜者。行者如是，离不善法，得欢喜乐；又于乐中，复生大喜。是为如来自以己力开初径路，成最正觉。

"又有众生多于嗔恚，不舍身、口、意恶业。其人于后遇善知识，得闻法言，法法成就，离身恶行、口意恶行，生欢喜心，恬然快乐。又于乐中，复生大喜，如人舍于粗食，食百味饭。食已充足，复求胜者。行者如是，离不善法，得欢喜乐，又于乐中，复生大喜，是为如来开第二径路。

"又有众生愚冥无智，不识善恶，不能如实知苦⑥、集⑦、尽⑧、道⑨。其人于后遇善知识，得闻法言，法法成就，识善、不善，能如实知苦、集、尽、道，舍不善行，生欢喜心，恬然快乐。又于乐中，复生大喜。如人舍于粗食，食百味饭，食已充足，复求胜者。行者如是，离不善法，得欢喜乐；又于乐中，复生大喜。是为如来开第三径路。"

时，梵童子于忉利天上说此正法，毗沙门天王复为眷属说此正法，阇尼沙神复于佛前说此正法，世尊复为阿难说此正法，阿难复为比丘、比丘尼、优婆塞、优婆夷说是正法。

注释

①阇尼沙：梵文 Janeśa 的音译，为夜叉神名，意译胜结使，能断一切烦恼。

②梵童：神名。即梵天化身。

③帝释：天神名。即帝释天。佛教认为，色界诸天

总称为梵天；欲界忉利天的主宰即帝释天。

④**忉利天**：天神名。译称三十三天，为欲界六天中的第二天。忉利天的主宰者是帝释天。

⑤**善知识**：佛教名词。知其心识相状之义，指于己有益、引己向善道的修行佛法者。

⑥**苦**：佛教名词。佛教基本原理四谛之一——苦谛。苦是有情众生的基本生存状态。通常地说，佛教的苦有二苦、三苦、四苦、五苦、八苦乃至一百一十苦等无量诸苦。最常见的是八苦：生、老、病、死、怨憎会、爱别离、求不得、五取蕴。

⑦**集**：佛教名词。四谛中的集谛。集谛探求苦的原因、根源。佛教认为，集谛的展开即是十二缘起的学说。

⑧**尽**：亦作灭，四谛之三的灭谛。灭谛是关涉苦难灭寂、生死解脱的实践真理。灭谛亦称苦灭谛、尽谛。佛教认为，灭谛即灭除贪爱，达到涅槃，永离生死轮回。

⑨**道**：即四谛中的道谛。道谛的主要内容是八正道：正见、正思维（正志）、正语、正业、正命、正方便（正精进）、正念、正定。

译文

当时，梵神复归神足通，返回帝释天的位置，告诉忉利天说："我现在给你们讲解，如来、至真自力开辟三大路径，自力证达无上正等正觉。请你们仔细听讲。哪三大路径呢？有些众生原本贪婪成性，染习不良行为。后来他们开始接触善知识，终于听闻佛法教说，并成就种种佛法。从此，远离贪欲，舍弃不良行为，找到生命的法乐，恬然自欣。他们在实现生命的法乐中，又再一步生发生命的更大喜乐，就像人们舍弃粗糙的食物，选择食用百味俱佳的饭食。饭食满足后，又再一步寻求味道更佳美的饭食。修行佛法者亦是如此，远离不善的行为，成就生命的充实欢喜；又在充实生命的欢欣中，再一步生发生命的更大喜乐。这就是如来自力开创的最初路径，并最终成就了无上正等正觉。

"又有众生具有许多嗔恚之心，不能舍弃身、口、意三种恶业。他们后来有机会接触善知识，终于有幸听闻佛法教说，并坚持不懈地成就种种佛法，远离身体恶行、言语恶行和思想恶念，生发生命充实的喜悦之心，身心恬然快乐。又在生命充实的喜悦中，再进一步生发更大的生命喜乐，就像人们舍弃粗糙的食物，选用精美的食物。饭食充足后，再向往味道更佳美的食物。修行佛法者亦是如此，离却一切不善法，实现生命的欢乐，又在生命充实的欢乐中，向往更大的生命喜乐，这就是如来自力开创的第二路径，并最终成就无上正等正觉。

"又有众生愚冥无智，缺乏识善恶的能力，不能如实领会苦、集、灭、道的佛教四种真理。他们后来有机缘遇上善知识，终于闻听佛法教说，并且成就种种佛法，识别了善与恶，能够如实领会苦、集、灭、道的佛教四种真理，舍弃一切不善行为，生发生命充实的欢喜之心，恬然快乐。又在生命充实的欣乐中，生发生命的更大欢喜。就好像人们舍弃粗糙的食物，选用精美的食物，饭食充足后，又向往寻求更精美的食物。佛法修行者亦是如此，远离一切不善法，实现生命充实的喜乐；又在生命的喜乐中，再生发更广大的生命喜乐。这就是如来自力开创的第三条路径，成就无上正等正觉。"

那时，梵神在忉利天上讲说上述正法。后来，毗沙门天王又为眷属讲说，阇尼沙神又在佛面前讲说，世尊又为阿难讲说，阿难又为比丘、比丘尼、优婆塞、优婆夷讲说上述正法。

6 小缘经

尔时，世尊告婆悉吒^①曰："汝等二人出婆罗门种^②，以信坚固于我法中出家修道耶？"

答曰："如是。"

佛言："婆罗门！今在我法中出家修道，诸婆罗门得无嫌责汝耶？"

答曰："唯然。蒙佛大恩，出家修道，实自为彼诸婆罗门所见嫌责。"

佛言："彼以何事而嫌责汝？"

寻，白佛言："彼言：'我婆罗门种最为第一，余者卑劣；我种清白，余者黑冥。我婆罗门种出自梵天^③，从梵口生，于现法中得清净解，后亦清净。汝等何故舍清净种，入彼瞿昙异法中耶？'世尊！彼见我于佛法中出家修道，以如此言而呵责我。"

佛告婆悉吒："汝观诸人愚冥无识，犹如禽兽，虚假自称：'婆罗门种最为第一，余者卑劣；我种清白，余者黑冥。我婆罗门种出自梵天，从梵口生，现得清净，后亦清净。'婆悉吒！今我无上正真道④中不须种姓，不恃吾我憍慢之心。俗法须此，我法不尔。若有沙门、婆罗门，自恃种姓，怀憍慢心，于我法中终不得无上证也。若能舍离种姓，除憍慢心，则于我法中得成道证，堪受正法。人恶下流，我法不尔。"

佛告婆悉吒："有四种姓，善恶杂居。智者所誉，智者所责。何谓为四？一者刹利种⑤，二者婆罗门种，三者居士种⑥，四者首陀罗种⑦。婆悉吒！汝听刹利种中，有杀生者，有盗窃者，有淫乱者，有欺妄者，有两舌者，有恶口者，有绮语者，有悭贪者，有嫉妒者，有邪见者。婆罗门种、居士种、首陀罗种，亦皆如是杂十恶行。悉婆吒！夫不善行有不善报，为黑冥行则有黑冥报；若使此报独在刹利、居士、首陀罗种，不在婆罗门种者，则婆罗门种应得自言：'我婆罗门种最为第一，余者卑劣；我种清白，余者黑冥。我婆罗门种出自梵天，从梵口生，现得清净，后亦清净。'若使行不善行有不善报，为黑冥行有黑冥报，必在婆罗门种、刹利、居士、首陀罗种者，则婆罗门不得独称："我种清净，最为第一。"

"婆悉吒！若刹利种中有不杀者，有不盗、不淫、不妄语、不两舌、不恶口、不绮语、不悭贪、不嫉妒、不邪见；婆罗门种、居士、首陀罗种，亦皆如是同修十善。夫行善法必有善报，行清白行必有白报。若使此报独在婆罗门，不在刹利、居士、首陀罗者，则婆罗门种应得自言："我种清净，最为第一。"若使四姓同有此报者，则婆罗门不得独称："我种清净，最为第一。""

佛告婆悉吒："今者现见婆罗门种，嫁娶产生与世无异，而作诈称："我是梵种，从梵口生，现得清净，后亦清净。"婆悉吒！汝今当知，今我弟子，种姓不同，所出各异，于我法中出家修道。若有人问："汝谁种姓？"当答彼言："我是沙门释种子也。"亦可自称："我是婆罗门种，亲从口生，从法化生。现得清净，后亦清净。"所以者何？大梵名者即如来号。如来为世间眼[8]，为世间智，为世间法，为世间梵，为世间法轮[9]，为世间甘露，为世间法主。"

注释

①**婆悉吒**：人名。邪志外道，原为婆罗门，后见世尊，而还归本心，皈依三宝。

②**婆罗门种**：古代印度四种姓之一，亦译作净行、净志、静志等。梵语作 Brāhmaṇa。婆罗门种姓因垄断讲授、解释吠陀经典的权力，主持宗教祭祀，并掌握天文、地理、历数的知识。他们发展成的婆罗门教，其宗教主张亦是其社会政治主张。婆罗门宣称，吠陀天启，祭祀万能，婆罗门种姓至上。婆罗门宗教哲学的基本立场是"梵我一如"论。他们还宣扬业报轮回的思想。

③**梵天**：亦称大梵天，梵语作 Mahābrahmā。此处之梵天，是婆罗门教的祭祀、崇拜对象，非色界之初禅天。婆罗门教的梵天，亦称为"自在天"。婆罗门宣称，梵天创造了日、月、水、火，世界万物和人。甚至众神、诸天、鬼怪亦为梵天所造。婆罗门的梵天，既是人格神，亦是宇宙的终极本体。作为人格神的梵天，从口中生婆罗门，用手创造了刹帝利，用双腿创造了吠舍，用双脚创造了首陀罗；作为终极本体的梵天，至真、清净而永生，"梵我一如"是婆罗门教基本思想之一。

④**无上正真道**：佛教名词。梵语音译为阿耨多罗三藐三菩提，Anuttarā Samyaksaṃbodhiḥ 之古译。无上正真道，亦译作无上正遍知、无上正遍道，新译则为无上正等正觉，略作无上正等觉、无上正觉，为佛所亲证并教化众生的佛教真理。

⑤**刹利种**：印度四种姓之一，为第二等级的种姓。

主要由军事贵族化的武士阶层所构成。刹帝利种姓掌握军事和行政权，进行统治、作战和惩罚罪犯。

⑥居士种：印度四种姓之一，属第三等级。常作吠舍或毗舍。主要包括村社农民、牧民和手工业者、从事商业活动的广大平民阶层。吠舍种姓的职业主要是畜牧业、农业和经商、放高利贷，以纳税、布施等形式供养刹帝利、婆罗门。

⑦首陀罗种：印度四种姓之一，为第四等级。包括被征服的土著居民和失去村社成员身份者，为婆罗门、刹帝利、吠舍三种姓服务，多从事手工业和做奴仆。首陀罗没有资格学习吠陀、接受教育和参加宗教祭祀仪式，被称为"一生种姓"，而其他三种姓则为"再生种姓"。

⑧世间眼：佛教名词。对佛、菩萨的尊称。此处指佛法能给世人指示正道；又佛法能开世间之眼，使见正道。

⑨法轮：佛教名词。约有二义：佛之说法，能够摧破众生的恶行，如转轮王的轮宝能摧破山岩；又佛之说法，并不止于一人一处，而是辗转传布，有如车轮。所以称佛法为世间法轮。

译文

那时，世尊对婆悉吒说："你们二人都出身于婆罗门种姓，如今能够由于坚定信仰佛法而出家修道吗？"

回答说："完全是这样的。"

佛说："你们两位婆罗门如今归信佛法而出家修道，其他婆罗门是否因此就嫌弃你们，指责你们？"

回答说："正是如此。承蒙佛陀恩典，我们得以出家修道，但实际上我们却遭到其他婆罗门的排斥和指责。"

佛说："他们因为什么而排斥和指责你们呢？"

过一会，婆悉吒对佛说："他们说：'我们婆罗门种姓，是人世间最高贵的种姓，而其他种姓则都属于卑劣的种姓；我们婆罗门种姓是清白的，而其他种姓则是黑冥的。我们婆罗门种姓出自梵天，生于梵天之口，在现世中就实现清净解脱，后世亦能清净解脱。你们却为何舍弃高贵清净的婆罗门种姓，而皈依佛法呢？'世尊！他们看到我们俩皈依佛法而出家修道，所以就如此呵责我们。"

佛对婆悉吒说："你们婆罗门种姓认为其他种姓都是愚冥无识的，就犹如禽兽一般卑贱。你们虚伪地自我标榜：'婆罗门种姓最为高贵，其他种姓则卑劣不堪；

婆罗门种姓是清白的种姓，而其他种姓则是黑冥的种姓。婆罗门种姓出自梵天，生于梵天之口，在现世中即得清净解脱，在后世亦是清净解脱。'婆悉吒！在我的无上正真的佛法里，如今已不再以出身种姓论贵贱，如今已不再持有血统门第的傲慢之心。世俗传统存在种姓制度，佛法里却并非如此。如果有沙门、婆罗门，自恃种姓高贵，怀有傲慢之心，那就终将不能在佛法中修证无上正等正觉。如果能够舍弃并远离种姓分别，消除门第的傲慢之心，则终将能够在佛法中修证无上正等正觉。人世的恶欲都是卑鄙下流的，但我的佛法却绝非如此。"

佛告诉婆悉吒说："世间存在四大种姓，四大种姓都是善恶相杂、有善有恶的。善则受到智者的称誉，恶则遭到智者的谴责。哪四大种姓呢？一是刹帝利种姓，二是婆罗门种姓，三是吠舍种姓，四是首陀罗种姓。婆悉吒！你听闻刹帝利种姓中，有杀生者，有盗窃者，有淫乱者，有欺妄虚伪者，有挑拨离间者，有恶语伤人者，有花言巧语者，有吝啬贪婪的守财奴，有嫉妒成性者，有持异端邪说者。婆罗门种姓、吠舍种姓、首陀罗种姓，亦都有如此犯有十大恶行的人。婆悉吒！如果不善的业行必有不善的果报，做黑冥的业行则有黑冥的果报；如果这种果报单单是在刹帝利种姓、吠舍种姓、首陀罗种姓中才发生，而不在婆罗门种姓中发生，那么婆罗门种姓确实应该说：'我们婆罗门种姓最为高贵，其他种姓都是卑劣不堪；我们婆罗门种姓清白无秽，其他种姓则是黑冥污浊的。我们婆罗门种姓出自梵天，生于梵天之口，现世即得清净解脱，后世亦得清净解脱。'如果做不善业行则有不善的果报，做黑冥污秽的业行则有黑冥污秽的果报，无论婆罗门种姓、刹帝利种姓、吠舍种姓、首陀罗种姓，概莫例外，那么，婆罗门种姓则不应该独自声称：'我们婆罗门种姓最为清白高贵、清净无秽。'

"婆悉吒！若果刹帝利种姓中有不杀者、不盗窃者、不淫乱者、不虚伪欺诈者、不挑拨离间者、不恶语伤人者、不花言巧语者、不悭吝贪婪者、不嫉贤妒能者、不持异端邪说者，而婆罗门种姓、吠舍种姓、首陀罗种姓，亦都如此同修十善行。行善者必有善报，品行清白必有清白果报。如果报唯独存在于婆罗门种姓，而不存在于刹帝利、吠舍、首陀罗种姓，那么，婆罗门种姓确实应该自诩：'我们婆罗门种姓最为清净高贵。'如果四大种姓都存在相同果报，那么，婆罗门就不应自诩：'我们婆罗门种姓最为清净高贵。'"

佛告诉婆悉吒说："现今人们都可以看到，婆罗门种姓的婚嫁迎娶、结婚生子，与其他种姓并没有相异之处，却虚伪宣称：'我是梵天种姓，生于梵天之口，现在清净无秽，将来亦同样清净无秽。'婆悉咤！你现在应该知道，如今的佛门弟子，尽管出身种姓并不相同，然而都皈依佛法出家修道。如果有人问：'你出身于什么种姓？'就应当回答他说：'我是沙门释迦种姓。'同时亦可以自称：'我是婆罗门种姓，亲从梵天之口出生，从佛法真理化生。现在清净无秽，将来亦清净无秽。'为什么这样说呢？所谓大梵，实即如来的名号。如来是世间之眼，如来是世间智慧，如来是世间真理，如来是世间大梵，如来是世间法轮，如来是世间甘露，如来是世间法主。"

7 转轮圣王修行经

原典

转轮圣王[①]修行经

　　子白父王："转轮圣王正法云何？当云何行？"王告子曰："当依于法立法，具法；恭敬尊重，观察于法；以法为首，守护正法。又当以法诲诸婇女，又当以法护视、教诫诸王子、大臣、群寮、百官及诸人民、沙门、婆罗门，下至禽兽皆当护视。"

　　又告子曰："又汝土境所有沙门、婆罗门履行清真，功德具足，精进不懈，去离憍慢，忍辱仁爱，闲独自修，独自止息，独到涅槃。自除贪欲，化彼除贪；自除嗔恚，化彼除嗔；自除愚痴，化彼除痴。于染不染，于恶不恶，于愚不愚。可着不着，可住不住，可居不居。

身行质直，口言质直，意念质直。身行清净，口言清净，意念清净。正命清净，仁慧无厌。衣食知足，持钵乞食，以福众生。有如是人者，汝当数诣，随时谘问，凡所修行，何善何恶？云何为犯？云何非犯？何者可亲？何者不可亲？何者可作？何者不可作？施行何法，长夜受乐？汝谘问已，以意观察，宜行则行，宜舍则舍。国有孤老，当拯给之；贫穷困劣，有来取者，慎勿违逆；国有旧法，汝勿改易。此是转轮圣王所修行法，汝当奉行。"

注释

①**转轮圣王**：亦作转轮王、轮王。据佛经记载，转轮圣王身具三十二相，当其即位时，天赋其轮宝，借此轮宝而降伏四方，故称转轮圣王。佛教还传说，转轮王有七宝和千子。

译文

太子问父王说："什么才是转轮圣王的正法呢？应当如何修习转轮圣王的正法呢？"国王告诉太子说："应当依佛法确立一切制度，完备一切制度；应当怀着敬重心情，以佛法为衡量一切事物的尺度；应当树立佛法高于一切的信念，维护作为真理的佛法。另外，你还应当以佛法引导宫女们，还应当以佛法护佑、教诫王子、大臣、各级官员及全国人民、沙门、婆罗门，乃至一切飞禽走兽都应以佛法护佑。"

王又对太子说："再者，如果境内所有沙门、婆罗门的修行清净而真实，功德具足，精进不懈，远离骄慢，忍辱负重，慈怀仁爱，闲静独修，独自断除一切烦恼，独自证达涅槃的解脱境界。如果沙门、婆罗门能自除贪欲烦恼，并教化他人断除贪欲烦恼；能够自除嗔恚烦恼，并教化他人断除嗔恚烦恼；能够自除愚痴烦恼，并教化他人断除愚痴烦恼。如果沙门、婆罗门身居染污而不为染污，身处邪恶而不为邪恶，身处愚冥而不为愚冥。如果沙门、婆罗门于可执着处而不执着，于可滞住处而不滞住，于可安居处而不安居。如果沙门、婆罗门身行质朴而正直，口言质朴而正直，意念质朴而正直。如果沙门、婆罗门都持守清净无秽的生活，能孜孜不倦地追求生命的智慧。如果沙门、婆罗门衣食知足，持钵乞食，以造福众生。如果境内有这样的沙门、婆罗门，那么你就应当常常拜访他们，随时咨问他们，在一切修行中，什么是善修？什么是恶行？什么是犯戒？什么是非犯戒？什么是可亲近的修行？什么是不该希求的修行？什么是可以从事的修行？什么是不可从事的修行？修行什么教法，才能心神清静而安稳喜乐？你咨询以后，就要用心领会观察，应该实行就要实行，应该舍弃就要舍弃。国内的孤寡老人，应该善加赡养，给其匮乏；如果贫穷困乏的人民提出生活上的需求，应该尽量满足；国家的固有制度法规，不要轻易更改。这就是转轮圣王所修行的教法，你应当奉行。"

8　弊宿经

原典

弊宿①经

　　婆罗门言："今我论者，无有他世，亦无更生，无罪福报。汝论云何？"

　　迦叶②答曰："我今问汝，随汝意答。今上日月，为此世耶？为他世耶？为人为天耶？"

　　婆罗门答曰："日月是他世，非此世也；是天，非人也。"

　　迦叶答曰："以此可知，必有他世，亦有更生，有善恶报。"

　　婆罗门言："汝虽云有他世，有更生及善恶报，如我意者，皆悉无有。"

迦叶问曰："颇有因缘可知，无有他世，无有更生，无善恶报耶？"

婆罗门答曰："有缘。"

迦叶问曰："以何因缘，言无他世？"

婆罗门言："迦叶！我有亲族知识，遇患困病。我往问言：'诸沙门、婆罗门各怀异见，言诸有杀生、盗窃、邪淫、两舌、恶口、妄言、绮语、贪取、嫉妒、邪见者，身坏命终，皆入地狱。我初不信。所以然者，初未曾见死已来还说所堕处。若有人来说所堕处，我必信受。汝今是我所亲，十恶亦备。若如沙门语者，汝死必入大地狱中。今我相信，从汝取定。若审有地狱者，汝当还来，语我使知，然后当信。'迦叶！彼命终已，至今不来。彼是我亲，不应欺我。许而不来，必无后世。"

迦叶报曰："诸有智者以譬喻得解，今当为汝引喻解之。譬如盗贼，常怀奸诈，犯王禁法。伺察所得，将诣王所，白言：'此人为贼，愿王治之。'王即敕左右收系其人，遍令街巷，然后载之出城，付刑人者。时，左右人即将彼贼付刑人者，彼贼以柔软言，语守卫者：'汝可放我，见诸亲里，言语辞别，然后当还。'云何？婆罗门！彼守卫者宁肯放不？"

婆罗门答曰："不可。"

迦叶又言："彼同人类俱存现世而犹不放，况汝所亲十恶备足！身死命终，必入地狱。狱鬼无慈，又非其类。死生异世，彼若以软言求于狱鬼：'汝暂放我还到世间见亲族，言语辞别，然后当还。'宁得放不？"

婆罗门答曰："不可。"

迦叶又言："以此相方，自足可知。何为守迷，自生邪见耶？"

注释

①**弊宿**：人名。为拘萨罗国之婆罗门。童女迦叶已证罗汉，以种种说法，破其断灭之见，使之改邪归正，死后升天。

②**迦叶**：人名。指童女迦叶，或作童子迦叶。据《僧祇律》卷十九说："童子迦叶，年至八岁，出家修道，成阿罗汉。"童女迦叶亦称尊者鸠摩罗迦叶。

译文

婆罗门说："我主张，不存在其他世界，亦不存在来生，不存在罪恶或福德的报应。你的主张是什么？"

迦叶回答说："我现在问你，你要确切地回答。你头顶上的日月，是属于这个世界的呢，还是属于其他世界呢？是人间呢，还是天上呢？"

婆罗门回答说："日月是属于其他世界的，并不是属于这个世界；是天上的，而不是人间的。"

迦叶接着说："由此可知，必定存在着其他世界，亦存在着来生，存在善报和恶报。"

婆罗门说："你虽然认为存在其他世界，存在来生，存在着善报及恶报，但我却仍然主张，另外的世界、来生、善报、恶报，这一切都并不存在。"

迦叶问："你很有理由主张，没有另外的世界，没有来生，没有善恶报应吗？"

婆罗门回答说："很有理由。"

迦叶问道："你因为什么理由认为不存在另外的世界呢？"

婆罗门说："迦叶！我有一位亲戚朋友，身患绝症。我前往问候时，说：'沙门诸师各怀异见，认为那些杀生、偷盗、邪淫、两舌、恶口、妄言、绮语、贪取、嫉妒及持异端邪说者，身坏命终，都将入地狱。我开始并不相信。因为我并不曾看到死后回到世间来说自己所入的地方。如果有人回到世间来说自己死后所到的地方，我就必定相信并接受。你是我的亲友，犯有十恶之罪。如果像沙门所说，你死后必入大地狱之中。现在我是否相信恶报，就取决于你是否入地狱并回来告诉我。如果确实有地狱，你应当回到世间，告诉我情况，然后我就该相信另外存在的世界。'迦叶！他早已死了，但到现在仍没回到世间来。他是我的亲友，不应该欺蒙我。答应了却不回来，这表明必定不存在另外的世界。"

迦叶回答说："许多智者用譬喻来说明问题，我现在亦为你引用譬喻来理解。譬如有一盗贼，常怀奸诈之心违犯王法。后来，盗贼被官府逮住，带到王宫，官府的伺察告诉国王说：'这人是个盗贼，希望国王加以惩治。'于是，国王就命令侍卫收押盗贼，游街示众，然后押送出城，交给执刑者处决。那时，侍卫就把盗贼交给执刑者，那个盗贼用花言巧语对守卫说：'你可以放我走，回去看看亲戚朋友，对他们告个别，然后我一定回到这里。'怎么样？婆罗门！你认为守卫可能放走他吗？"

婆罗门回答说："不可能。"

迦叶又说："那个盗贼与我们这些人同存在于现世，却得不到守卫的放行，更何况你的亲友犯有十恶不赦之罪呢！身死命终，必入地狱。地狱里没有任何仁慈，又并非同类，难以沟通。死与生是完全不同的世界，你的亲友如果以花言巧语请求狱鬼说：'你可以暂时放我回到世间去看看我的亲族，向他们告个别，然后我必定回来。'狱鬼难道肯放他回世间吗？"

婆罗门回答说："不可能的。"

迦叶又说："以此类推，自然足可表明有另外的世界存在。你为何还固执己见，自生邪见呢？"

9 散陀那经

原典

散陀那①经

　　佛告梵志："汝所行者皆为卑陋：离服裸形，以手障蔽，不受瓨食，不受盂食，不受两臂中间食，不受二人中间食，不受两刀中间食，不受两盂中间食，不受共食、家食，不受怀妊家食，见狗在门则不受其食，不受多蝇家食，不受诸食，他言先识则不受其食，不食鱼、不食肉、不饮酒，不两器食，一餐一咽至七餐止，受人益食不过七益。或一日一食，或二日、三日、四日、五日、六日、七日一食；或复食果，或复食荞，或食饭汁，或食糜米，或食穄稻，或食牛粪，或食鹿粪，或食树根、枝叶、果实，或食自落果。

"或披衣，或披莎衣，或衣树皮，或草襜身，或衣鹿皮，或留头发，或被毛编，或着冢间衣，或有常举手者，或不坐床席，或有常蹲者，或有剃发留髦须者，或有卧荆棘者，或有卧果蓏上者，或有裸形卧牛粪上者，或一日三浴，或有一夜三浴。以无数众苦，苦役此身。云何，尼俱陀！如此行者可名净法不？"

梵志答曰："此法净，非不净也。"

佛告梵志："汝谓为净，吾当于汝净法中说有垢秽。彼苦行者，常自计念：我行如此，当得供养敬礼事。是即垢秽。彼苦行者，得供养已，乐着坚固，爱染不舍，不晓远离，不知出要，是为垢秽。彼苦行者，遥见人来，尽共坐禅；若无人时，随意坐卧，是为垢秽。

"彼苦行者，闻他正义，不肯印可，是为垢秽。彼苦行者，他有正问，吝而不答，是为垢秽。彼苦行者，设见有人供养沙门、婆罗门，则诃止之，是为垢秽。彼苦行者，若见沙门、婆罗门食更生物[②]，就呵责之，是为垢秽。彼苦行者，有不净食，不肯施人；若有净食[③]，贪着自食，不见己过，不知出要，是为垢秽。彼苦行者，自称己善，毁訾他人，是为垢秽。彼苦行者，为杀、盗、淫、两舌、恶口、妄言、绮语、贪取、嫉妒、邪见颠倒，是为垢秽。

"彼苦行者，懈堕憙妄，不习禅定，无有智慧，犹如禽兽，是为垢秽。彼苦行者，贡高憍慢、增上慢，是为垢秽。彼苦行者，无有信义，亦无反复，不持净戒，不能精勤受人训诲，常与恶人以为伴党，为恶不已，是为垢秽。彼苦行者，多怀嗔恨，好为巧伪，自怙己见，求人长短，恒怀邪见与边见^④俱，是为垢秽。云何？尼俱陀！如此行者可言净不邪？"

答曰："是不净，非是净也。"

佛言："今当于汝垢秽法中，更说清净无垢秽法。彼苦行者，不自计念：我行如是，当得供养、恭敬礼事。是为苦行无垢法也。彼苦行者，得供养已，心不贪着，晓了远离，知出要法，是为苦行无垢法也。彼苦行者，禅有常法，有人无人，不以为异，是为苦行无垢法也。彼苦行者，闻他正义，欢喜印可，是为苦行无垢法也。彼苦行者，他有正问，欢喜解说，是为苦行离垢法也。

"彼苦行者，设见有人供养沙门、婆罗门，代其欢喜而不呵止，是为苦行离垢法也。彼苦行者，若见沙门、婆罗门食更生之物，不呵责之，是为苦行离垢法也。彼苦行者，有不净食，心不悋惜；若有净食，则不染着，能见己过，知出要法，是为苦行离垢法也。彼苦行者，不自称誉，不毁他人，是为苦行离垢法也。彼苦行者，不杀、盗、淫、两舌、恶口、妄言、绮语、贪取、嫉妒、邪见，是为苦行离垢法也。

"彼苦行者，精勤不忘，好习禅行，多修智慧，不愚如兽，是为苦行离垢法也。彼苦行者，不为贡高、憍慢、自大，是为苦行离垢法也。彼苦行者，常怀信义，修反复行，能持净戒，勤受训诲，常与善人为伴党，积善不已，是为苦行离垢法也。彼苦行者，不怀嗔恨，不为巧伪，不恃己见，不求人短，不怀邪见，亦无边见，是为苦行离垢法也。云何？梵志！如是苦行为是清净离垢法耶？"

答曰："如是，实是清净离垢法也。"

注释

①**散陀那：**人名。居士种姓（即吠舍种姓）。他曾前往尼俱陀梵志处问法，该梵志以苦行攻击佛法。佛来到尼俱陀梵志处，阐述苦行有清净法和不清净法之别，并说服尼俱陀梵志放弃极端苦行主义的立场。

②**更生物：**此指非时之物。

③**净食：**佛教名词。与非净食相对。指依佛律而适合比丘、比丘尼食用的食物。主要包括五种净食：（一）火净食，把食物烧煮后方可吃食；（二）刀净食，指用刀具去除皮核的果物；（三）爪净食，指用手剥其皮壳方可进食的食物；（四）蔫干净食，指蔫干后方可食用

的食物；（五）鸟啄食，指捡取鸟啄食后残剩的食物。

④**边见**：佛教名词。五见之一，持边见者或持断见，只认为万法无常；或持常见，只认为万法长存。

译文

佛告诉梵志说："你们梵志的修行方式可谓是卑劣而丑陋：不穿衣服而赤身裸体，以手障蔽身子以遮羞，不接受缸食，不接受盂食，不接受两臂中间夹递的食物，不接受二人中间夹坐着的食物，不接受两刀中间夹递的食物，不接受两盂夹递的食物，不接受一同进食及家庭聚食，不接受怀妊家庭的食物，看到有狗在家则不接受食物，不接受多苍蝇家庭的食物，不接受许多食物，如人言称曾经相识则不接受食物，不吃鱼，不吃肉，不饮酒，不用两种器具进食，一餐只限于一咽，接受布施的食物不超过七次。有的一日一食，亦有的二日一食、三日一食、四日一食、五日一食、六日一食、七日一食；有的食野果，有的食恶草，有的食饭汁，有的食烂米，有的食糟糠，有的食牛粪，有的食鹿粪，有的食树根、枝叶、果实，有的食风吹落在地的果实。

"有的披衣，有的披莎衣，有的穿树皮编的衣，有的用野草裹身，有的穿鹿皮衣，有的留着头发，有的披着羽毛编成的衣服，有的穿修头陀行时的冢间衣，有的经常举手，有的不坐床席，有的经常蹲着，有的剃除头发而蓄着胡须，有的身卧荆棘丛中，有的身卧果蓏上，有的裸体卧牛粪上，有的一日三浴，有的一夜三浴。以许许多多的苦修苦行，折磨肉身。尼俱陀！你认为这些苦修苦行能称之为清净法吗？"

梵志回答说："这些是清净法，而非不清净法。"

佛对梵志说："你认为是清净法，我应在你的清净法中指明其垢秽。那些修苦行的人，常暗自心想：我修这些苦行，理应获得众人的礼敬供养。这就是垢秽。那些修苦行的人，得别人供养后，更执着供养，喜欢向往别人供养自己，不明了远离供养，不知道解脱烦恼，这就是垢秽。那些修苦行的人，遥见有人走来，则全都坐起禅来；一旦无人，则随意坐卧，这就是垢秽。

"那些修苦行的人，听到其他正确的观点主张，不愿加以印可，这就是垢秽。那些修苦行的人，听到其他人的正确疑问，吝而不答，这就是垢秽。那些修苦行的人，如果看到有人供养沙门、婆罗门，则加以呵止，这就是垢秽。那些修苦行的人，如果看到沙门、婆罗门食非时之物，就加以呵责，这就是垢秽。那些修苦行的人，有不净之食，不肯布施于人；若有净食，则贪婪自食，不见自身的过错，不知解脱烦恼出离生死之要道，这就是垢秽。那些修苦行的人，自诩自己的善行，动辄毁訾他人的言行，这就是垢秽。那些修苦行的人，有杀生、偷盗、邪淫、两舌、恶口、妄言、绮语、贪取、嫉妒、邪见颠倒的言行过失，这就是垢秽。

"那些修苦行的人，懈怠而不思进取，闲散而狂妄自大，不修习禅定，亦不具备智慧，犹如禽兽一般，这就是垢秽。那些修苦行的人，趾高气扬，目空一切，不可一世，夜郎自大，这就是垢秽。那些修苦行的人，没有信义感，亦没有坚持不懈的毅力，不持守清净戒，不能精勤奋勉，谦逊受学，经常与恶人同流合污，狼狈为奸，作恶多端，这就是垢秽。那些修苦行的人，多怀嗔恨之心，好为花言巧语，固执己见，吹毛求疵，常怀不正确的思想观点，常持边见，这就是垢秽。尼俱陀！如此修苦行者怎么可以说是清净无垢呢？"

梵志回答说："确不清净，而非清净无垢。"

佛说："现在应当在你们的垢秽修法中，更说清净无垢秽法。那些修苦行的人，不自心想：我如此修行，理当得到别人供养、敬重礼遇。这就是苦行无垢法。那些修苦行的人，得到别人供养后，内心并不贪着，明了远离一切执着，知解出离生死烦恼的要道，这就是苦行无垢法。那些修苦行的人，禅定有固定的修法，有人无人，都一般无二，这就是苦行无垢法。

"那些修苦行的人，听到别人正确的见解，则心悦诚服地加以印可，这就是苦行无垢法。那些修苦行的人，听到别人正确的提问，则乐意加以解说，这就是苦行离垢法。那些修苦行的人，如果看到有人供养沙门、婆罗门，则为他感到高兴而不是加以呵止，这就是苦行离垢法。那些修苦行的人，如果看到沙门、婆罗门食用非时之物，并不加以呵责，这就是苦行离垢法。那些修苦行的人，有不净食，心不贪吝；若有净食，则心不染着，能自见己身的过错，明了解脱烦恼、出离生死之要道，这就是苦行离垢法。那些修苦行的人，不杀生、偷盗、邪淫、两舌、恶口、妄言、绮语、贪取、嫉妒、邪见，这就是苦行离垢法。

　　"那些修苦行的人，精进不懈，喜好修习禅定，因具备智慧，不会像禽兽一样愚痴，这就是苦行离垢法。那些修苦行的人，常怀信义感，持之以恒，能持守清净戒，精勤奋勉，好学不厌，常把情操高迈者引为同道，积善不已，这就是苦行离垢法。那些修苦行的人，不怀嗔恨之心，不花言巧语，不固执己见，不吹毛求疵，不怀有邪见，亦没有极端偏见，这就是苦行离垢法。梵志！如此修苦行是不是清净离垢法呢？"

　　梵志回答："如此修苦行，确确实实是清净离垢法。"

梵志曰："闻过去诸佛乐于闲静，独处山林。如今世尊不如我法乐于愦闹，说无益事以终日耶？"

佛告梵志："汝岂不念瞿昙沙门能说菩提^①？自能调伏^②，能调伏人；自得止息^③，能止息人；自度彼岸^④，能使人度；自得解脱，能解脱人；自得灭度^⑤，能灭度人。"

时，彼梵志即从座起，头面作礼，手扪佛足，自称己名曰："我是尼俱陀梵志！我是尼俱陀梵志！今者自归，礼世尊足。"

佛告梵志："止！止！且起！但汝心解^⑥，便是礼敬。"

注释

①**菩提：**佛教名词。梵文 Bodhi 的音译。意译作道、觉。既指对佛法真理的觉悟，亦指对生命真境的觉悟。佛教认为，菩提有二义，其一指涅槃境界，必须断烦恼障，以一切智做达悟涅槃的阶梯；其二对于一切有为诸法，必须断所知障，以一切种智做达悟涅槃的中介。

②**调伏：**佛教名词。调伏身、口、意三业，而制伏一切恶行。调，指调和；伏，指制伏。佛教以二法加以

调伏一切恶行，柔弱者以法加以调伏，刚强者以势加以调伏。

③**止息**：佛教名词。止指制止，制止身、口恶业而不杀、不盗等；又指依止持戒而不杀、不盗等。息，亦灭、止之义，指灭止身、口、意三业。

④**度彼岸**：佛教名词。度即渡也，生死苦海，自渡生死而渡人，即曰度。梵语波罗蜜，Pāramitā。度彼岸，义即证达涅槃解脱的生命真境。

⑤**灭度**：佛教名词。即梵语涅槃（Nirvāṇa）的意译，分有余依涅槃和无余依涅槃两种。灭即灭生死烦恼，度即渡生死苦海而达涅槃真境。

⑥**心解**：佛教名词。即远离贪爱的心解脱。

译文

梵志说："我曾听说过去诸佛喜欢闲静之处，独居山林而静修。如今世尊教法不像婆罗门教法喜欢愦闹之处，高谈阔论，终日无所事事吗？"

佛对梵志说："你难道从没想过瞿昙沙门能够讲说菩提的道理？菩提就是自己能够调伏一切烦恼，并且能够调伏别人的一切烦恼；菩提就是自己能够止息一切烦恼，并且能够止息别人的烦恼；菩提就是能够自渡彼岸，并且能够使别人渡到彼岸；菩提就是能够自己解脱，并且能够解脱别人；菩提就是自己证达涅槃，并且能够使别人亦证达涅槃。"

当时，那位梵志就从座位上站起身来，五体投地，向佛陀致敬，自呼己名说："我是尼俱陀梵志！我是尼俱陀梵志！现在我决定自皈依世尊，皈依佛法。"

佛对梵志说："行！行！你先起来！只要你心性解悟，便是礼敬，就是皈依。"

10　十上经

原典

如是我闻：

一时，佛游鸯伽国[1]，与大比丘众千二百五十人俱。诣瞻婆城[2]，止宿伽伽池侧。以十五日月满时，世尊在露地坐。大众围绕，竟夜说法。

告舍利弗[3]："今者四方诸比丘集，皆各精勤，捐除睡眠，欲闻说法。吾患背痛，欲少止息，卿今可为诸比丘说法。"

时，舍利弗受佛教已。

尔时，世尊即四牒僧伽梨[4]，偃右胁，卧如师子，累足而卧。

尔时，耆年舍利弗告诸比丘："今我说法，上、中、下言，皆悉真正，义味具足；梵行清净。汝等谛听，善思念之，当为汝说。"

时，诸比丘受教而听。

舍利弗告诸比丘："有十上法⑤，除众结缚⑥，得至泥洹，尽于苦际，又能具足五百五十法。今当分别，汝等善听。诸比丘！有一成法、一修法、一觉法、一灭法、一退法、一增法、一难解法、一生法、一知法、一证法。云何一成法？谓于诸善法能不放逸。云何一修法？谓常自念身。云何一觉法？谓有漏触⑦。云何一灭法？谓是我慢⑧。云何一退法？谓恶露观⑨。云何一增法？谓不恶露观。云何一难解法？谓无间定⑩。云何一生法？谓有漏解脱⑪。云何一知法？谓诸众生皆仰食存。云何一证法？谓无碍心解脱。

"又有二成法、二修法、二觉法、二灭法、二退法、二增法、二难解法、二生法、二知法、二证法。云何二成法？谓知惭、知愧。云何二修法？谓止与观⑫。云何二觉法？谓名与色。云何二灭法？谓无明、爱。云何二退法？谓毁戒、破见⑬。云何二增法？戒具、见具。云何二难解法？有因有缘众生生垢；有因有缘众生得净。云何二生法？尽智⑭、无生智⑮。云何二知法？谓是处、非处。云何二证法？谓明与解脱。

"又有三成法、三修法、三觉法、三灭法、三退法、三增法、三难解法、三生法、三知法、三证法。云何三成法？一者亲近善友，二者耳闻法音，三者法法成就。云何三修法？谓三三昧⑯：空三昧、无相三昧、无作三昧。云何三觉法？谓三受：苦受、乐受、不苦不乐受。云何三灭法？谓三爱：欲爱、有爱、无有爱。云何三退法？谓三不善根：贪不善根、恚不善根、痴不善根。云何三增法？谓三善根：无贪善根、无恚善根、无痴善根。云何三难解法？谓三难解：贤圣难解、闻法难解、如来难解。云何三生法？谓三相：息止相、精进相、舍离相。云何三知法？谓三出要界：欲出要至色界，色界出要至无色界，舍离一切诸有为法，彼名为尽。云何三证法？谓三明：宿命智、天眼智、漏尽智。

"诸比丘！是为三十法，如实无虚。如来知已，平等说法。

注释

①鸯伽国：地名。在摩揭陀国的北部。

②瞻婆城：地名。为中印度恒河之滨的城国。

③舍利弗：佛陀十大弟子之一，被誉为"智慧第一"。本为外道，后皈依佛门。

④僧伽梨：为比丘三衣之一，为其中的最大者，亦

称大衣。

⑤**十上法**：指经过整理的从一至十之法数，每一数各有十法相。

⑥**结缚**：佛教名词。指有漏烦恼。

⑦**有漏触**：佛教名词。漏即烦恼。一切含有烦恼的事，即有漏。一切世间事物，都属于有漏法。众生对世间事物的触知，即是有漏触。

⑧**我慢**：佛教名词。慢为傲慢之义。佛教有七慢、九慢之说。我慢，指执着我有而自傲。

⑨**恶露观**：佛教名词。恶露指人身的不净的津液，如脓血屎尿等。修恶露观，可生厌离之心。

⑩**无间定**：佛教名词。指不间断的禅定修行。

⑪**有漏解脱**：佛教名词。能招致人、天三界果报的行法，为有漏道；有漏解脱能脱三界（欲界、色界、无色界）轮回之苦。

⑫**止与观**：佛教名词。止，梵语奢摩他Samatha，亦作三摩地；观，梵语毗钵舍那Vipaśyanā。译作止观、定慧、寂照、明净。止有两义，心静息勿动和心专注一境；观亦有两义，观达和穿透，观达佛慧和穿透烦恼。佛教认为，依止而拂灭妄念，依观而证达佛慧。

⑬**破见**：佛教名词。外道六十二见之一。指拒斥佛教正见的思想观念。

⑭**尽智**：佛教名词。十智之九。指断尽一切有漏烦恼的佛法智慧。

⑮**无生智**：佛教名词。十智中最后一智，仅为利根阿罗汉所具备。

⑯**三三昧**：佛教名词。亦作三三摩地。其意译作三定、三等持。三三昧可区分为有漏三三昧和无漏三三昧两种。无漏三三昧亦称三解脱门。解脱即涅槃，无漏三三昧是证达涅槃的三道门。无漏三三昧包括空三昧、无相三昧和无愿三昧。空三昧与空、无我相应；无相三昧与灭谛的灭、静、妙、离四行相相应，无一切有为相；无愿三昧，亦称无作三昧、无起三昧，与苦谛的苦和无常二行相相应，又与集谛的因、集、生、缘四行相相应，对于诸法无所愿乐，并进而无所造作。

译文

我是亲自听佛这样说的：

那时，佛游行于鸯伽国，与大比丘众一千二百五十人在一起。佛和众比丘来到瞻婆城，投宿在伽伽池畔。因为正当十五月圆之夜，世尊就露地而坐。众人围坐，终夜说法。

佛对舍利弗说："今天四方比丘相聚于此，大家都心怀精进佛法之意，自愿放弃睡眠，恳望耳闻佛法。我有背痛，想稍做调息，你可以给诸比丘讲说佛法。"

那时，舍利弗接受了佛的教导。

当时，世尊即敷四叠僧伽梨，偃于右胁，如狮子卧，累足而卧。

当时，耆年资深的舍利弗对比丘说："我所说的佛法，都是真正的佛法，义理具足，无有缺漏；梵行清净，无有垢秽。请大家仔细听讲，善加思考。现在我给大家讲说真正佛法。"

那时，诸比丘都接受教示，仔细倾听舍利弗讲法。

舍利弗对诸比丘说："有十上佛法，能解除人类一切烦恼，使修行者通达生命解脱的涅槃境界，并且脱离人生的一切苦难，能同时具足五百五十种无上佛法。现在我将分门别类地解说十上佛法，请大家细听。诸比丘！有一成法、一修法、一觉法、一灭法、一退法、一增法、一难解法、一生法、一知法、一证法。什么是一成法？即修行者修持佛法而不放逸懈怠。什么是一修法？即常自念自观己身。什么是一觉法？指招致人、天三界果报的有漏行法。什么是一灭法？指执我有而自傲的行为。什么是一退法？指对己身上不净津液的种种观想。什么是一增法？指对己身的津液不做不净观想。什么是一难解法？指达到无间禅定的行法。什么是一生法？指达到有漏解脱的行法。什么是一知法？指一切众生皆仰赖粮食而存活。什么是一证法？指达到无碍自在心性解脱的行法。

"又有二成法、二修法、二觉法、二灭法、二退法、二增法、二难解法、二生法、二知法、二证法。何谓二成法？指知惭、知愧二种行为。何谓二修法？指修止、修观二种行法。何谓二觉法？指精神与色相二种行法。何谓二灭法？指无明和爱欲二大烦恼。何谓二退法？指败坏佛戒、持破见二种不善行。何谓二增法？指恪守佛戒、持守正见二种善行。何谓二难解法？指二种行法，其一众生心性染垢是有因有缘的；其二众生心性清净亦是有因有缘的。何谓二生法？指断除人生烦恼的漏尽智慧和脱离生死轮回的无生智慧。何谓二知法？指能自觉知是与非的行法。何谓二证法？指生命智慧和生命解脱。

"又有三成法、三修法、三觉法、三灭法、三退法、三增法、三难解法、三生法、三知法、三证法。何谓三成法？三成法指：一亲近善友，二是耳亲闻佛法，三是努力修持佛法、成就种种佛法。何谓三修法？指三种三昧境界：空三昧境界、无相三昧境界、无作三昧境界。何谓三觉法？指三种感受：痛苦的感受、快乐的感受、既不痛苦亦不快乐的感受。何谓三灭法？指三种爱欲：欲爱、有爱、无有爱。何谓三退法？指三不善根：贪欲、嗔恚、愚痴。何谓三增法？指三善根：无贪欲、无嗔恚、无愚痴三种修持。何谓三难解法？指贤圣难解、闻法难解、如来难解，贤圣超迈、佛法玄奥、如来真正。何谓三生法？指三种行相表征：息止、精进、舍离。何谓三知法？指三种修行解脱的境界：由欲界而进达色界，继而由色界解脱而至无色界，最终舍离一切生灭有为法，其名为断尽一切烦恼。何谓三证法？指三明佛慧：宿命通智慧、天眼通智慧、漏尽通智慧。

"诸比丘！这是三十种教法，真实无虚。如来尽知三十教法，并给一切众生平等说法。

原典

"复有四成法、四修法、四觉法、四灭法、四退法、四增法、四难解法、四生法、四知法、四证法。云何四成法？谓四轮法：一者住在中国①，二者近善友，三者自谨慎，四者宿植善本。云何四修法？谓四念处：比丘内身身观，精勤不懈，忆念不忘，舍世贪忧；外身身观，精勤不懈，忆念不忘，舍世贪忧；内、外身身观，精勤不懈，忆念不忘，舍世贪忧；受、意、法观，亦复如是。云何四觉法？谓四食②：抟食、触食、念食、识食。

　　"云何四灭法？谓四受：欲受、我受、戒受、见受。云何四退法？谓四扼：欲扼、有扼、见扼、无明扼。云何四增法？谓四无扼：无欲扼、无有扼、无见扼、无无明扼。云何四难解法？谓有四圣谛：苦谛、集谛、灭谛、道谛。云何四生法？谓四智：法智、未知智、等智③、知他心智④。云何四知法？谓四辩才：法辩、义辩、辞辩、应辩。云何四证法？谓四沙门果：须陀洹果、斯陀含果、阿那含果、阿罗汉果。

　　"诸比丘！是为四十法，如实无虚。如来知已，平等说法。

　　"复有五成法、五修法、五觉法、五灭法、五退法、五增法、五难解法、五生法、五知法、五证法。云何五成法？谓五灭尽：一者信佛、如来、至真，十号具足；二者无病，身常安隐；三者质直，无有谀谄，直趣如来涅槃径路；四者专心不乱，讽诵不忘；五者善于观察法之起灭，以贤圣行尽于苦本。云何五修法？谓五根：信根、精进根、念根、定根、慧根。云何五觉法？谓五受阴：色受阴，受、想、行、识受阴。

　　"云何五灭法？谓五盖：贪欲盖、嗔恚盖、睡眠盖、掉戏盖、疑盖。云何五退法？谓五心碍结：一者比丘疑佛，疑佛已则不亲近，不亲近已则不恭敬，是为初心碍结；又比丘于法、于众、于戒，有穿漏行，不真正行，为污染行，不亲近戒，亦不恭敬，是为四心碍结；又复，比丘于梵行人生恶害心，心不喜乐，以粗恶言而毁骂之，是为五心碍结。云何五增法？谓五喜本：一悦，二念，三猗，四乐，五定。

"云何五难解法？谓五解脱入。若比丘精勤不懈，乐闲独处，专念一心，未解得解，未尽得尽，未安得安。何谓五？若比丘闻佛说法，或闻梵行者说，或闻师长说，思维观察，分别法义，心得欢喜；得欢喜已，便得法爱；得法爱已，身心安隐；身心安隐已，便得禅定；得禅定已，得如实智⑤，是为初解脱入。于是比丘闻法欢喜已，受持、讽诵亦复欢喜，为他人说亦复欢喜，思维分别亦复欢喜，于法得定亦复如是。

"云何五生法？谓贤圣五智定：一者修三昧现乐、后乐，生内、外智；二者贤圣无爱，生内、外智；三者诸佛贤圣之所修行，生内、外智；四者猗寂灭相，独而无侣，而生内、外智；五者于三昧一心入，一心起，生内、外智。云何五知法？谓五出要界：一者比丘于欲不乐，不念，亦不亲近，但念出要，乐于远离，亲近不怠，其心调柔，出要离欲；因欲起漏，亦尽舍灭，而得解脱，是为欲出要。嗔恚出要、嫉妒出要、色出要、身见出要，亦复如是。云何五证法？谓五无学⑥聚：无学戒聚、定聚、慧聚、解脱聚、解脱知见聚。是为五十法，如实无虚。如来知已，平等说法。

注释

①**中国**：佛教所称之中国，乃指恒河流域中之摩揭陀。此地在政治、文化等任何方面皆成为当时印度新兴势力之中心，故称为"中国"。

②**四食**：佛教名词。指维持生命的四种养分。四食指段食（此处译作抟食）、触食、念食（亦作思食）和识食。

③**等智**：佛教名词。十智之一，亦作世俗智，指知晓世俗事相的智慧。

④**知他心智**：佛教名词。十智之一，指通晓他人内心的智慧。

⑤**如实智**：佛教名词。一如诸法实相的佛法智慧，唯佛所具备，因为唯佛能断尽一切无明烦恼。

⑥**无学**：佛教名词。声闻乘四果中，须陀洹、斯陀含、阿那含三果都属于有学；唯第四阿罗汉果为无学道，意指阿罗汉学道圆满，不再修学。

译文

"又有四成法、四修法、四觉法、四灭法、四退法、四增法、四难解法、四生法、四知法、四证法。何谓四成法？即四轮法：其一住在中国地域；其二亲近善友；其三行为谨慎；其四多修善行，多植善本。何谓四修法？指四念处的行法：修行比丘持内身身观，精勤不懈，忆念不忘，舍离世间贪欲和忧恼；修持外身身观，精勤不懈，忆念不忘，舍离世间贪欲和忧恼；修持内、外身身观，精勤不懈，忆念不忘，舍离世间贪欲和忧恼；受念处、意念处、法念处之修持，莫不如此。何谓四觉法？四觉法指四食能维养生命：其一为抟食，享用香、味、触食；其二为触食，因接触喜乐之事而长养生命；其三为念食，因第六意识生希望之念而资养生命；其四为识食，以人的意识活动能支持人的有情识生命。何谓四灭法？指四种身心感受：欲望的感受、我执的感受、持清净戒的感受、抉择事理的感受。

"何谓四退法？指四扼；欲扼，人生总受欲望之苦；其二有扼，人生常受我执、法执之苦；其三见扼，人生常受种种见解、学说之苦；其四无明扼，人生常受无明烦恼之苦。何谓四增法？指四无扼：其一无欲扼，人生解脱欲念之苦；其二无有扼，人生免受我执、法执之苦；其三无见扼，使人生免受种种观念、见解影响；其四无无明扼，使人生免受无明烦恼之苦。何谓四难解法？指佛教四圣谛：苦的状况、苦的原因、苦灭后的境界、苦灭的方法。何谓四生法？指四大佛教智慧：其一为真实法智，其二为通达未知之物的智慧，其三为平等无二的智慧，其四为通达他人之心的智慧。何谓四知法？指四种辩才：辩论法相的才能、辩论佛法义理的才能、辩论修辞的才能、辩论驳斥的才能。何谓四证法？指四种沙门修证果位：须陀洹果、斯陀含果、阿那含果、阿罗汉果。

"诸比丘！这就是佛所说的四十种教法，如实不虚。如来尽知亲识四十教法，并加以平等无二地讲说。

"又有五成法、五修法、五觉法、五灭法、五退法、五增法、五难解法、五生法、五知法、五证法。何谓五成法？指五种清净无垢的行法：其一信归佛法，相信佛如来至尊至真，十号具足；其二无病无疾，身常安隐喜乐；其三言行质直，无有谀谄，直归如来证达涅槃境界的修持径路；其四专心致志，一心不乱，诵持精勤，忆念不忘；其五善于观察法相的缘起生灭，恪守佛法修行，断尽生命轮回之苦。何谓五修法？指五根：信根、精进根、念根、定根、慧根。信根即坚信佛、法、僧；精进根即勇猛进修，从不懈怠；念根即于境忆持而不忘；定根即专注所缘而修持禅定；慧根即修持四圣谛而生慧力。何谓五觉法？指五蕴法：色蕴、受蕴、想蕴、行蕴、识蕴。

　　"何谓五灭法？指五盖烦恼：贪欲、嗔恚、睡眠、掉戏、疑惑。何谓五退法？指五种心性的障碍烦恼：一是比丘疑佛，疑佛则不亲近佛，不亲近佛则不恭敬佛，此为初心障碍烦恼；若是比丘对佛法、佛僧、佛戒，并不恪信、恪守，而是既不恭敬亦不亲近，这是二、三、四种心理障碍烦恼；又比丘对于出家修行者生残害之心，生不喜欢之意，以粗鲁凶恶的语言毁骂出家者，这就是第五种心理的障碍烦恼。何谓五增法？指五种本真的生命喜乐：欣悦、思念、轻安、欢乐、禅定。

　　"何谓五难解法？指五种进入生命解脱的行法。如果比丘僧精勤不懈，乐于闲静独处，专念一心，未解脱得解脱，未尽烦恼得尽烦恼，未得安隐得安隐。哪五种行法呢？如果比丘闻佛说法，或者闻清净梵行者说法，或者闻法师长老说法，然后思量静察，静心体察法义，心神体认生命的欢喜；体认生命的欣喜后，便是体认佛法的真爱；体认佛法的真爱后，便获致身心的安隐顺畅；身心的安隐顺畅，便是禅定；得禅定就是获致如实智慧的修持，这就是最初进入生命解脱的行法。比丘闻法而体认佛法的欣喜；受持佛法、讽诵佛法亦同样体验解脱的欣喜；为他人说法亦体验到欣喜；静思分别亦体验到欣喜；独修佛法自住禅定亦体验到生命的欣喜。

"何谓五生法？指佛教贤圣所通达的五种智慧禅定的行法：一是修持三昧禅定的现乐、后乐，生发内境智慧、外境智慧；二是佛教贤圣不执着爱欲，生内境之慧与外境之慧；三是一切诸佛、贤圣修行，都能生内、外智慧；四是身心轻快安隐，烦恼之火灭尽，独处而无伴侣，而生内、外境智慧；五是修行者从三昧一心证入，并从三昧一心开始，生内、外智慧。何谓五知法？指五种解脱境界：其一修行比丘对于欲念，既不执迷亦不思念，不亲近欲望，而只念解脱，远离欲念；修行比丘亲近对欲念的远离之心，使其调柔顺畅，解脱而离舍欲念；人因欲而生烦恼，离舍欲念，亦就舍灭了诸漏烦恼，从而得解脱，这就是由离欲而得解脱的修行境界。由离嗔恚而得解脱，由离嫉妒而得解脱，由离色而得解脱，由离我执、身见而得解脱，都是如此。何谓五证法？指五种证达阿罗汉果的行法：证达阿罗汉果的所有戒律、所有禅定、所有智慧、所有解脱以及所有解脱知见。以上五十种教法，如实无虚。如来都尽知全知，然后为众人平等说法。

原典

　　"复有六成法、六修法、六觉法、六灭法、六退法、六增法、六难解法、六生法、六知法、六证法。云何六成法？谓六重法。若有比丘修六重法，可敬可重，和合于众，无有诤讼，独行无杂。云何六？于是比丘身常行慈，敬梵行者，住仁爱心。名曰重法，可敬可重，和合于众，无有诤讼，独行无杂。复次，比丘口慈意慈，以法得养；及钵中余，与人共之，不怀彼此。复次，比丘圣所行戒，不犯不毁，无有染污；智者所称，善具足持，成就定意。复次，比丘成就贤圣出要，平等尽苦、正见及诸梵行。是名重法，可敬可重，和合于众，无有诤讼，独行不杂。

　　"云何六修法？谓六念：念佛、念法、念僧、念戒、念施、念天。云何六觉法？谓六内入：眼入、耳入、鼻入、舌入、身入、意入。云何六灭法？谓六爱：色爱、声爱、香爱，味、触、法爱。云何六退法？谓六不敬法：不敬佛、不敬法、不敬僧、不敬戒、不敬定、不敬父母。云何六增法？谓六敬法：敬佛、敬法、敬僧、敬戒、敬定、敬父母。云何六难解法？谓六无上：见无上、闻无上、利养无上、戒无上、恭敬无上、念无上。云何六生法？谓六等法：于是比丘眼见色，无忧无喜，住舍专念；耳声、鼻香、舌味、身触、意法，不喜不忧，住舍专念。

"云何六知法？谓六出要界。若比丘作是言：'我修慈心，更生嗔恚。'余比丘言：'汝勿作此言，勿谤如来。如来不作是说，欲使修慈解脱，更生嗔恚者，无有是处。佛言：除嗔恚已，然后得慈。'若比丘言：'我行悲解脱，生憎嫉心；行喜解脱，生忧恼心；行舍解脱，生憎爱心；行无我行，生狐疑心；行无想行，生众乱想。'亦复如是。云何六证法？谓六神通：一者神足通证；二者天耳通证；三者知他心通证；四者宿命通证；五者天眼通证；六者漏尽通证。是为六十法，诸比丘！如实无虚。如来知已，平等说法。

"复有七成法、七修法、七觉法、七灭法、七退法、七增法、七难解法、七生法、七知法、七证法。云何七成法？谓七财：信财、戒财、惭财、愧财、闻财、施财、慧财，是为七财。云何七修法？谓七觉意。于是比丘修念觉意，依无欲、依寂灭、依远离；修法、修精进、修喜、修猗、修定、修舍，依无欲、依寂灭、依远离。

"云何七觉法？谓七识住处。若有众生若干种身、若干种想，天及人是，是初识住；复有众生，若干种身而一想者，梵光音天①最初生时是，是二识住；复有众生，一身若干种想，光音天^②是，是三识住；复有众生，一身一想，遍净天^③是，是四识住；或有众生空处住，是五识住；或识处住，是六识住；或不用处住，是七识住。云何七灭法？谓七使^④法：欲爱使、有爱使、见使、慢使、嗔恚使、无明使、疑使。

"云何七退法？谓七非法，是比丘无信、无惭、无愧、少闻、懈堕、多忘、无智。云何七增法？谓七正法，于是比丘有信、有惭、有愧、多闻、不懈堕、强记、有智。云何七难解法？谓七正善法，于是比丘好义、好法、好知时、好知足、好自摄、好集众、好分别人。云何七生法？谓七想：不净想、食不净想、一切世间不可乐想、死想、无常想、无常苦想、苦无我想。

"云何七知法？谓七勤：勤于戒行、勤灭贪欲、勤破邪见、勤于多闻、勤于精进、勤于正念、勤于禅定。云何七证法？谓七漏尽力。于是漏尽比丘于一切诸苦、集、灭、味、过、出要，如实知见，观欲如火坑，亦如刀剑；知欲、见欲，不贪于欲，心不住欲。漏尽比丘逆顺观察，如实觉知，如实见已，世间贪、嫉、恶、不善法，不漏不起。修四念处，多修多行；五根、五力、七觉意、贤圣八道，多修多行。诸比丘！是为七十法，如实不虚，如来知已，平等说法。

注释

①**梵光音天**：佛教名词。指梵天。

②**光音天**：佛教名词。亦译作极光净天，为色界第二禅天。此天绝音声，说话之时，就从口中发出纯净无比的光芒，故名。

③**遍净天**：佛教名词。为色界静虑三天。

④**七使**：佛教名词。使为烦恼之异名，因使有驱役之义，烦恼能驱使人，故称烦恼为使。除七使外，佛教亦有"十使"之名。十使亦作十随眠、十惑、十烦恼，包括贪欲、嗔恚、无明（愚痴）、慢、疑、身见、边见、邪见、见取见、戒禁取见。

译文

"又有六成法、六修法、六觉法、六灭法、六退法、六增法、六难解法、六生法、六知法、六证法。何谓六成法？六成法即六重法。如果有比丘修持六重法，就是可敬可重的比丘，能与众僧和合无争，独行清纯，无有杂秽。哪六种可敬可重的行法？这种修持的比丘，身常行慈悲，敬顺净修梵行者，住持仁爱之心。这就是值得敬重的行法，可敬可重，能和合众僧，无有争讼，独行清纯，无有杂秽。而且，比丘口念慈悲，意念慈悲，以真正觉法而得供养；若有余食，则与众人共享，从不怀彼此分别之心。又，比丘对于贤圣所行持的戒律，既不违反亦不诋毁，无有染污；比丘对于智者所称誉的行法，善加持守，无有缺漏，因而成就禅定意境。比丘又努力成就贤圣解脱之道，平等无碍地修断轮回之苦；成就佛法正见，修证一切生命梵行。这就是使人敬重的比丘行法，可敬可重，能和合众人，无有争讼，独行清纯，无有杂秽。

"何谓六修法？指六念的行法：念佛、念法、念僧、念戒、念施、念天。何谓六觉法？指六种感受或意识的行法：眼入色、耳入声、鼻入香、舌入味、身入触、意入法。何谓六灭法？指六种爱欲的感受：色爱、声爱、香爱、味爱、触爱、法爱。何谓六退法？指六种不敬的行为：不敬佛、不敬法、不敬僧、不敬戒、不敬禅定、不敬父母。何谓六增法？指六种尊敬的行为：敬佛、敬法、敬僧、敬戒、敬禅定、敬父母。何谓六难解法？指六种无上的行法：见解无上、闻法无上、利养无上、戒律无上、恭敬无上、念行无上。何谓六生法？六生法即六种平等无二的行法：比丘眼见色境，无忧亦无喜，住舍平等无碍，专念一心；耳声、鼻香、舌味、身触、意法，都不喜不忧，住舍平等无碍，专念一心。

"何谓六知法？六知法指六种出要解脱的行法。如果比丘这般说：'我虽修持慈念之心，却仍生嗔恚。'其他比丘僧就会指出：'你不应该这般说，不应该诽谤如来。如来从不曾作如此说法，既使人修持慈怀、解脱，又使人生嗔恚之心，你的观点实在无有是处。佛说：比丘修除嗔恚之念后，才能实现慈行解脱。'如果比丘认为：'我修持悲愿解脱的行法，却生憎嫉之心；我修持喜乐解脱的行法，却生忧愁苦恼之心；我修持舍解脱的行法，却生憎爱之心；我修持无我解脱的行法，却生狐疑之心；我修持无想解脱的行法，却生许多乱想杂念。'这些观念都无有是处。何谓六证法？六证法即六神通：神足通、天耳通、知他心通、宿命通、天眼通、漏尽通。这六十种教法，如实无虚。如来尽知全知，然后给众人平等说法。

"又有七成法、七修法、七觉法、七灭法、七退法、七增法、七难解法、七生法、七知法、七证法。何谓七成法？七成法指七种修证佛法的资财：信受佛法、持守佛戒、惭己、愧人、喜闻佛法、施舍、定慧双修。何谓七修法？七修法即七觉意。比丘修持念觉意，依无欲、依寂灭、依远离；修持法觉意、修持精进觉意、修持喜觉意、修持猗觉意、修持禅定觉意、修持舍觉意，都依无欲、依寂灭、依远离。

"何谓七觉法？七觉法即七识住处。如果众生有若干种色身、若干种想，所有人趣众生及部分天趣，都是初识住。如果有众生若干种身而唯有一想，像梵光音天最初生现时，这是二识住；如果众生一身而若干种想，像光音天那样，就是三识住；又有众生只有一身和一想，如遍净天，就是四识住；又有众生住于空无所有处，这是五识住；又有众生住于识无边处，这是六识住；又有众生住于无色界之无所有处，这就是七识住。何谓七灭法？即七使烦恼：欲爱烦恼、有爱烦恼、邪见烦恼、我慢烦恼、嗔恚烦恼、无明烦恼、疑惑烦恼。

"何谓七退法？即七非法，指修行比丘无信、无惭、无愧、少闻、懈堕、多忘、无智。何谓七增法？即七正法，指修行比丘有信、有惭、有愧、多闻、不懈堕、强记、有智。何谓七难解法？指七种正直善法：好义、好法、好知时、好知足、好自我控制、好集众和合、好分别善恶。何谓七生法？指七想观：不净想观、食不净想观、一切世间不可乐想观、死想观、无常想观、无常苦想观、苦无我想观。

"何谓七知法？指七种勤修的行法：勤持清净戒行、勤于灭除贪欲、勤破邪见、勤于多闻正法、勤于精进修行、勤于正念善法、勤于修持禅定。何谓七证法？指七种修尽烦恼的行法。漏尽比丘对于苦、集、灭、道四圣谛，如实知见；观想欲念如火坑，如刀剑；知欲、见欲，但决不贪欲，不住心于欲。漏尽比丘反复观察，都能如实觉知，如实知见。世间一切贪欲、嫉妒、恶法、不善法，都不产生烦恼，不起烦恼。漏尽比丘修持四念处，多修多行；五根、五力、七觉意、八正道，亦同样多修多行。诸比丘！以上七十种教法，如实不虚，如来全知尽晓，能给众人平等说法。

原典

"复有八成法、八修法、八觉法、八灭法、八退法、八增法、八难解法、八生法、八知法、八证法。

"云何八证法？谓八解脱。内有色想观外色，一解脱；内无色想观外色，二解脱；净解脱，三解脱；度色想，灭嗔恚想，住空处，四解脱；度空处，住识处，五解脱；度识处，住不用处，六解脱；度不用处，住有想无想处，七解脱；度有想无想处，住想知灭，八解脱。

"复有九成法、九修法、九觉法、九灭法、九退法、九增法、九难解法、九生法、九知法、九证法。

"云何九生法？谓九想：不净想、观食不净想、一切世间不可乐想、死想、无常想、无常苦想、苦无我想、尽想、无欲想。云何九知法？谓九异法：生果异、因果异，生触异、因触异，生受异、因受异，生想异、因想异，生集异、因集异，生欲异、因欲异，生利异、因利异，生求异、因求异，生烦恼异、因烦恼异。

"云何九证法？谓九尽。若入初禅，则声刺灭；入第二禅，则觉观刺灭；入第三禅，则喜刺灭；入第四禅，则出入息灭；入空处，则色想刺灭；入识处，则空想刺灭；入不用处，则识想刺灭；入有想无想处，则不用想刺灭；入灭尽定，则想受刺灭。诸比丘！是为九十法，如实不虚，如来知已，平等说法。

"复有十成法、十修法、十觉法、十灭法、十退法、十增法、十难解法、十生法、十知法、十证法。"

译文

"又有八成法、八修法、八觉法、八灭法、八退法、八增法、八难解法、八生法、八知法、八证法。

"何谓八证法？八证法即八解脱法。内有色想而观外色，这是一解脱；内无色想而观外色得解脱，这是二解脱；清净解脱是三解脱；除一切色想，灭一切嗔恚想，住空无边处，这是四解脱；超出空无边处，住识无边处，这是五解脱；超出识无边处，住无色界之无所有处，这是六解脱；超出无色界之无所有处，住于有想无想处，这是七解脱；超出有想无想处，而住于一切想知灭的禅定境界，这就是八解脱。

"又有九成法、九修法、九觉法、九灭法、九退法、九增法、九难解法、九生法、九知法、九证法。

"何谓九生法？指九种观想的行法：不净想、观食不净想、一切世间不可乐想、死想、无常想、无常苦想、苦无我想、尽想、无欲想。何谓九知法？指九种相异之法：生果异、因果异，生触异、因触异，生受异、因受异，生想异、因想异，生集异、因集异，生欲异、因欲异，生利异、因利异，生求异、因求异，生烦恼异、因烦恼异。

"何谓九证法？指九种清除烦恼的行法。如果修行者证入初禅境界，则一切声音都消失；如入第二禅，则觉观消失；若入第三禅，则喜乐的感受消失；若入第四禅，则出入息都消失；若入空无边处，则一切色想都消失；入识无边处，则空无边处消失；入无色界之无所有处，则识无边处消失；入有想无想处，则无色界之无所有处消失；入灭尽禅定，则一切想、一切受都消失。诸比丘！以上九十种教法，如实不虚，如来尽知全知，给众人平等说法。

"又有十成法、十修法、十觉法、十灭法、十退法、十增法、十难解法、十生法、十知法、十证法。"

11 三聚经

如是我闻：

一时，佛在舍卫国祇树给孤独园，与大比丘众千二百五十人俱。

尔时，世尊告诸比丘："我与汝等说微妙法，义味清净，梵行具足，谓三聚法。汝等谛听，思维念之，当为汝说。"时，诸比丘受教而听。

佛告比丘："三法聚者，一法趣恶趣，一法趣善趣，一法趣涅槃。云何一法趣于恶趣？谓无仁慈，怀毒害心，是谓一法将向恶趣。云何一法趣于善趣？谓不以恶心加于众生，是为一法将向善趣。云何一法趣于涅槃？谓能精勤修身念处①，是为一法将向涅槃。

"复有二法趣向恶趣，复有二法趣向善趣，复有二法趣向涅槃。云何二法趣向恶趣？一谓毁戒，二谓破见。云何二法趣向善趣？一谓戒具，二谓见具。云何二法趣向涅槃？一谓为止，二谓为观。

"复有三法趣向恶趣，三法向善趣，三法向涅槃。云何三法向恶趣？谓三不善根：贪不善根、恚不善根、痴不善根。云何三法向善趣？谓三善根：无贪善根、无恚善根、无痴善根。云何三法趣向涅槃？谓三三昧：空三昧②、无相三昧③、无作三昧④。

"又有四法趣向恶趣，四法向善趣，四法向涅槃。云何四法向恶趣？谓爱语、恚语、怖语、痴语。云何四法向善趣？谓不爱语、不恚语、不怖语、不痴语。云何四法向涅槃？谓四念处：身念处、受念处、意念处、法念处。

"复有五法向恶趣，五法向善趣，五法向涅槃。云何五法向恶趣？谓破五戒：杀、盗、淫逸、妄语、饮酒。云何五法向善趣？谓持五戒：不杀、不盗、不淫、不欺、不饮酒。云何五法趣向涅槃？谓五根：信根、精进根、念根、定根、慧根。

"又有六法向恶趣，六法向善趣，六法向涅槃。云何六法向恶趣？谓六不敬：不敬佛、不敬法、不敬僧、不敬戒、不敬定、不敬父母。云何六法向善趣？谓六敬法：敬佛、敬法、敬僧、敬戒、敬定、敬父母。云何六法向涅槃？谓六思念：念佛、念法、念僧、念戒、念施、念天。

"又有七法向恶趣，七法向善趣，七法向涅槃。云何七法向恶趣？谓杀生、不与取、淫逸、妄语、两舌、恶口、绮语。云何七法向善趣？谓不杀生、不盗、不淫、不欺、不两舌、不恶口、不绮语。云何七法向涅槃？谓七觉意：念觉意、择法觉意、精进觉意、猗觉意、定觉意、喜觉意、舍觉意。

"又有八法向恶趣，八法向善趣，八法向涅槃。云何八法向恶趣？谓八邪行：邪见、邪志、邪语、邪业、邪命、邪方便、邪念、邪定。云何八法向善趣？谓世正见、正志、正语、正业、正命、正方便、正念、正定。云何八法向涅槃？谓八贤圣道：正见、正志、正语、正业、正命、正方便、正念、正定。

"又有九法向恶趣，九法向善趣，九法向涅槃。云何九法向恶趣？谓九恼：有人已侵恼我，今侵恼我，当侵恼我；我所爱者已侵恼，今侵恼，当侵恼；我所憎者已爱敬，今爱敬，当爱敬。云何九法向善趣？谓九无恼：彼已侵我，我恼何益？已不生恼，今不生恼，当不生恼；我所爱者，彼已侵恼，我恼何益？已不生恼，今不生恼，当不生恼；我所憎者，彼已爱敬，我恼何益？

已不生恼，今不生恼，当不生恼。云何九法向涅槃？谓九善法：一喜，二爱，三悦，四乐，五定，六实知，七除舍，八无欲，九解脱。

"又有十法向恶趣，十法向善趣，十法向涅槃。云何十法向恶趣？谓十不善：身杀、盗、淫；口两舌、恶骂、妄言、绮语；意贪取、嫉妒、邪见。云何十法向善趣？谓十善行：身不杀、盗、淫；口不两舌、恶骂、妄言、绮语；意不贪取、嫉妒、邪见。云何十法向涅槃？谓十直道：正见、正志、正语、正业、正命、正方便、正念、正定、正解脱、正智⑤。

"诸比丘！如是十法，得至涅槃，是名三聚微妙正法。我为如来，为众弟子所应作者，无不周备。忧念汝等，故演经道。汝等亦宜自忧其身，当处闲居，树下思维，勿为懈怠。今不勉力，后悔无益。"

诸比丘闻佛所说，欢喜奉行。

注释

①**身念处**：佛教名词。为四念处之一，亦称身念住。身念处的主要内容是观身不净。

②**空三昧**：佛教名词。三三昧之一。空即观五蕴无我，亦无我所；一切诸法实相毕竟空。空三昧亦是三解

脱门之一。就因而言，为三三昧；就果而言，则为三解脱门。

③**无相三昧**：佛教名词。三三昧之一。无相三昧与灭谛的灭、静、妙、离四行相相应。涅槃解脱远离色、声、香、味、触五法，男、女二相及生、异、灭三有为相。无此十相之三昧境界，称为无相三昧。

④**无作三昧**：佛教名词。三三昧之一。亦称无愿三昧、无起三昧。无愿三昧与苦谛之苦、无常二行相相应；于一切诸法无所愿乐，亦无所造作。

⑤**正智**：佛教名词。亦作圣智，指正确知解诸法实相的佛法智慧。

译文

我是听佛这样说的：

那时，佛在舍卫国祇树给孤独园，与大比丘僧众一千二百五十人同在一起。

当时，世尊对比丘们说："我给你们讲说精微而玄奥的佛法，义味清净，梵行具足，叫作三聚法。你们要仔细聆听，经常思维并善加念持。现在就给你们讲说三聚法。"

当时，比丘们受教后，都聚精会神地倾听。

佛告诉比丘们说："所谓三聚法，一是归向恶道的法，一是归向善道的法，一是归向涅槃的法。什么是归向恶道的法呢？毫无仁慈之心，常怀邪恶之念，这就是归向恶道的法。什么是归向善道的法呢？不以恶心加害众生，这就是归向善道的法。什么是归向涅槃的法呢？能够精勤修习身念处，这就是归向涅槃的法。

"又有二法归向恶道，又有二法归向善道，又有二法归向涅槃。什么是归向恶道的二法呢？一是败坏佛教戒律，二是接受种种异端学说。什么是归向善道的二法呢？一是恪守佛教戒律，二是接受佛教学说。什么是归向涅槃的二法呢？一是止，二是观。

"又有三法归向恶道，三法归向善道，三法归向涅槃。什么是归向恶道的三法呢？指三种不善行为的根源：贪欲、嗔恚和愚痴。什么是归向善道的三法呢？指三种善良行为的根源：没有贪欲、没有嗔恚、没有愚痴。什么是归向涅槃的三法呢？指三种三昧境界，一是万法皆空的三昧境界，二是诸法无相的三昧境界，三是诸行无我无作的三昧境界。

"又有四法归向恶道，四法归向善道，四法归向涅槃。什么是归向恶道的四法呢？这四法指贪欲的言语、嗔恚的言语、恐怖的言语、愚痴的言语。什么是归向善道的四法呢？一是不作贪欲的言语，二是不作嗔恚的言语，三是不作恐怖的言语，四是不作愚痴的言语。什么是归向涅槃的四法呢？指四念处的修法：身念处、受念处、意念处、法念处。

"又有五法归向恶道，五法归向善道，五法归向涅槃。什么是归向恶道的五法呢？指违反佛教五戒：杀生、偷盗、淫逸、妄语、饮酒。什么是归向善道的五法呢？指持守佛教五戒：不杀生、不偷盗、不淫逸、不欺妄、不饮酒。什么是归向涅槃的五法呢？指五种修习佛法的根本：信根、精进根、念根、定根、慧根。

"又有六法归向恶道，六法归向善道，六法归向涅槃。什么是六法归向恶道呢？指六种不恭敬的行为：不敬佛、不敬佛法、不敬佛僧、不敬持戒律、不敬持禅定、不礼敬父母。什么是六法归向善道呢？指六种礼敬的行为：敬佛、敬佛法、敬佛僧、敬持戒律、敬持禅定、礼敬父母。什么是六法归向涅槃呢？指六种思念不忘的行为：念佛、念佛法、念佛僧、念持戒律、念持布施、念死后生天。

"又有七法归向恶道，七法归向善道，七法归向涅槃。什么是归向恶道的七法呢？指杀生、盗取、淫逸、妄语、两舌、恶口、绮语等七种恶行。什么是归向善道的七法呢？指不杀生、不偷盗、不淫逸、不欺妄、不两舌、不恶口、不绮语等七种良善行为。什么是归向涅槃的七法呢？指七觉意的佛法修行：念觉意、法觉意、精进觉意、猗觉意、定觉意、喜觉意、舍觉意。

"又有八法归向恶道，八法归向善道，八法归向涅槃境界。什么是归向恶道的八法呢？指八种邪恶的行为：邪恶的见解、邪恶的思考、邪恶的言语、邪恶的职业、邪恶的生活、邪恶的努力、邪恶的意念、邪恶的禅定。什么是归向善道的八法呢？指世俗所认可接纳的正见、正思、正语、正业、正命、正方便、正念、正定。什么是归向涅槃的八法呢？指佛教八正道：正见、正思、正语、正业、正命、正方便、正念、正定。

"又有九法归向恶道，九法归向善道，九法归向涅槃。什么是九法归向恶道呢？指九种苦恼：有人已经侵恼了我，现在正侵恼着我，以后将要侵恼我；我所爱者已经遭到侵恼，现在正受到侵恼，以后将受到侵恼；我所不满意者已经受到敬重，现在正受到敬重，以后将受到敬重。什么是归向善道的九法呢？指九种没有烦恼的行为：他已经侵恼了我，我为此苦恼，又有何益？过去不生烦恼，现在不生烦恼，将来不生烦恼；我所爱者已经受到侵恼，我为此而感到烦恼，又有什么益处呢？过去不生烦恼，现在不生烦恼，将来不生烦恼；我所憎恨者已经受到敬爱，我为此而感到烦恼，又有什么益处呢？过去不生烦恼，现在不生烦恼，将来不生烦恼。什么是归向涅槃的九法呢？指九种修善的行为：一是欣喜修善，二是爱护善行，三是愉悦生命，四是助人为乐，五是精勤禅定，六是真实知解诸法，七是舍弃一切染习，八是断除欲望，九是证达涅槃解脱。

"又有十法归向恶道，十法归向善道，十法归向涅槃。什么是归向恶道的十法呢？指十种不善的行为：杀生、盗窃、淫逸三种身体行为；两舌、恶骂、妄言、绮语四种言语行为；贪取、嫉妒、邪见三种思想行为。什么是归向善道的十法呢？指十种善良的行为：不杀生、不偷盗、不淫逸三种身体行为；不两舌、不恶骂、不妄言、不绮语四种言语行为；不贪取、不嫉妒、不邪见三种思想行为。什么是归向涅槃的十法呢？指十种正直修善的行为：正见、正志、正语、正业、正命、正方便、正念、正禅定、正解脱、正智慧。

"比丘们！上述十法，精勤分别，善加修善，终至涅槃，所以称之为三聚法。我是如来，给佛门弟子所应提供的教法，无不周到完备。由于唯恐你们没有领会如来教法，所以演示为经说。你们亦都应该常忧患生命轮回的无常之苦，静处勤修，思维佛法，从不懈怠。现在不奋勉勤修，他日后悔，亦无用处。"

诸比丘们听闻佛所说，都欢喜奉行。

12　阿㝹夷经

原典

阿㝹夷^①经

　　佛告梵志："或有沙门、婆罗门言：'一切世间，梵自在天^②所造。'我问彼言：'一切世间，实梵自在天所造耶？'彼不能报，还问我言：'瞿昙！此事云何？'我报彼言：'或有此世间初坏败时，有余众生命尽行尽，从光音天命终，乃更生余空梵处。于彼起爱，生乐着心，复欲使余众生来生此处。其余众生命尽行尽，复生彼处。时，彼众生自作是念：我今是大梵王，忽然而有，无作我者。我能尽达诸义所趣，于千世界^③最得自在，能作能化，微妙第一，为人父母。我先至此，独一无侣。由我力故有此众生，我作此众生。彼余众生亦复顺从，称为梵王，忽然而有，尽达诸义，于千世界最得自在，能作能化，微妙第一，为人父母。先有是一，后有我等，此大梵王化作我等。此诸众生随后寿终，来生此间。其渐长大，剃除须发，服三法衣，出家为道。彼入定意三昧，随三昧心忆本所生。彼作是语：此大梵天忽然而有，无有作者，尽达诸义，于千世界最得自在，能作能化，微妙第一，为人父母。彼大梵天常住不移，无变易法。我等梵天所化，是以无常，不得久住，为变易法。'

"如是，梵志！彼沙门、婆罗门以此缘故，各言彼梵自在天造此世界。梵志！造此世界者，非彼所及，唯佛能知。又过此事，佛亦尽知，虽知不着，苦、集、灭、味、过、出要。如实知之，以平等观，无余解脱④，名曰如来。"

注释

①**阿㮷夷**：地名。佛在阿㮷夷城为房伽婆梵志说法，摧伏世界创造者的外道邪说。

②**梵自在天**：亦作梵天、自在天。为世界的本源、本体。

③**千世界**：亦作大千世界，三千大千世界；小千世界、中千世界和大千世界。

④**无余解脱**：佛教名词。亦作无余涅槃，与有余涅

槃相对。无余涅槃是比有余涅槃更彻底的修行境界，既无生死之因惑，亦无有漏之苦果，不再受生，永离生死苦海。

译文

佛告诉梵志说："有的沙门、婆罗门说：'一切世间，都是由梵自在天所创造的。'我质问他们说：'一切世间，确实是由梵自在天所创造的吗？'他们都无法回答我的质问，反而问我说：'瞿昙！你对此持什么观点呢？'我回答他们说：'大概此世间刚开始败坏时，有些众生的生命、业报都终结了。在光音天界命终后，就转生到其他的梵天空间。他们在转生的梵天空间起了贪爱心，生了乐欲执着心，又想让其他众生都转生到这里。其他众生的生命、业报都终结后，果然都转生到那里。当时，那众生就暗自心想：我现在是大梵王，忽然而存在于世，没有创造我的存在。我能够通达万法存在的终极根据，在大千世界里最得自由自在；我能创生万物，我能摄化万物，精微玄奥，世间第一，为人的生育父母。我最初来到这里，独一无二。由于我的创造力量，才有众生存在。我创造了众生。其他众生亦都顺从认可，称之为梵王，忽然而出现于世，通达万法存在的终极根据，在大千世界中最得自由自在，能创造万物，能摄化万物，精微玄奥，世间第一。先有独一无二的梵王，然后才有我们众生。大梵王创化了我们众生。这些众生随后寿终，转生到人世间。他们逐渐长大成人，剃除须发，服三法衣，出家修道。他们修行渐深，证入禅定三昧境界，并随着禅定三昧的心识，忆念自己生命的本源。他们作如是说：这个大梵天忽然而有，没有其他创造者。大梵天通达万法存在的终极根据，在大千世界里最得自由自在。大梵天能创生万物，能摄化万物，精微玄奥，世间第一，是人的生育父母。大梵天是永恒存在，是没有任何变易的终极实在。我们都由梵天所摄化，因此是属于无常的存在物，不是永恒存在，而是变动不居的存在。'

"因此，梵志！那些沙门、婆罗门都认为梵自在天创造了这个世界。梵志！创造这个世界的存在者，并不是这些沙门、婆罗门所能够理解的。创造这个世界的存在者，只有佛才能理解。而且，即使比这更原始的事情，佛亦能够完全理解。佛虽然理解这些事情，却并不执着。人生的苦难、人生苦难的根源、如何根除人生苦难，这才是佛追求的解脱修行。如实地理解，平等无碍地观察万法，证达根本性的生死解脱，这就是如来。"

经典 •12 阿瓷夷经　149

13　善生经

　　佛告善生①："若长者②、长者子知四结业③，不于四处而作恶行，又复能知六损财业。是谓，善生！长者、长者子离四恶行，礼敬六方④，今世亦善，后获善报；今世根基，后世根基。于现法中，智者所称。获世一果，身坏命终，生天善处。善生！当知四结行者：一者杀生，二者盗窃，三者淫逸，四者妄语，是四结行。云何为四处？一者欲，二者恚，三者怖，四者痴。若长者、长者子于此四处而作恶者，则有损耗。

　　"若长者、长者子于此四处不为恶者，则有增益。"

　　佛告善生："六损财业者：一者耽湎于酒，二者博戏，三者放荡，四者迷于伎乐，五者恶友相得，六者懒堕,是为六损财业。善生!若长者、长者子解知四结行,不于四处而为恶行,复知六损财业,是谓,善生!于四处得离,供养六方。今善后善;今世根基,后世根基。于现法中,智者所誉,获世一果。身坏命终,生天善处。善生!当知饮酒有六失:一者失财,二者生病,三者斗诤,四者恶名流布,五者恚怒暴生,六者智慧日损。善生!若彼长者、长者子饮酒不已,其家产业日日损减。

"善生!博戏有六失。云何为六?一者财产日耗,二者虽胜生怨,三者智者所责,四者人不敬信,五者为人疏外,六者生盗窃心。善生!是为博戏六失。若长者、长者子博戏不已,其家产业日日损减。

"放荡有六失:一者不自护身,二者不护财货,三者不护子孙,四者常自惊惧,五者诸苦恶法常自缠身,六者喜生虚妄。是为放荡六失。若长者、长者子放荡不已,其家财产日日损减。

"善生!迷于伎乐复有六失:一者求歌,二者求舞,三者求琴瑟,四者波内早,五者多罗槃,六者首呵那。是为伎乐六失。若长者、长者子伎乐不已,其家财产日日损减。

"恶友相得复有六失:一者方便生欺,二者好喜屏处,三者诱他家人,四者图谋他物,五者财利自向,六者好发他过。是为恶友六失。若长者、长者子习恶友不已，其家财产日日损减。

"懈堕有六失：一者富乐不肯作务，二者贫穷不肯勤修，三者寒时不肯勤修，四者热时不肯勤修，五者时早不肯勤修，六者时晚不肯勤修。是为懈堕六失。若长者、长者子懈堕不已，其家财业日日损减。"

注释

①**善生**：人名。王舍城中长者之子。长者，是佛经对富豪商贾的尊称。佛陀曾给善生讲六方礼敬之法，通常称为《善生经》。《善生经》有数种译本：一是后汉安世高译，名为《佛说尸迦罗越六方礼经》；二为西晋支法度译，名《佛说善生子经》；三为《中阿含经》卷三十三《善生经》；四为《长阿含经》卷十一《善生经》等。

②**长者**：佛教名词。指积财具德的年长者。佛经里，常称富豪居士为长者。

③**结业**：佛教名词。佛经称烦恼为结或惑，由结或惑所导致的善恶行为，称为业。结业是善恶因惑及其行为的通称。

④**六方**：指东、南、西、北、上、下六个方位。婆罗门亦有礼敬六方之法，但与佛教的理解不同。

译文

佛告诉善生说："如果长者和长者子认识四种结业行为，不在四种环境下犯作恶行，并且能够知道六种损失财产的行为。善生！这就可以称为——长者、长者子。善生！长者、长者子远离四种恶行，礼敬六方，今世得善报，后世亦获善报；今世根基不坏，后世根基亦不坏。在现实生活中，受到有识之士的称许。获三世果报，身坏命终，转生到天上善道。善生！应该知道四结行为：一是杀生，二是盗窃，三是淫逸，四是妄语，这就是四种结行。什么是四处呢？一是贪欲，二是嗔恚，三是畏怖，四是愚痴。如果长者、长者之子在这四种环境下犯作恶行，那就会损耗财物。

"如果长者、长者之子在这四种处境下不做恶行，则能增益财物。"

佛告诉善生说："六种损耗财物的行为是指：一是耽湎于酒，二是赌博，三是放浪形骸，四是沉溺于歌舞伎乐，五是结交恶人，六是懒惰成性，这就是六种损耗财物的行为。善生！如果长者、长者之子能够知解四结行，不在贪欲、嗔恚、畏怖、愚痴的处境下作恶，并且又能认识六种损耗财物的行为，那么，就能远离贪、恚、怖、痴四处，供养六方。今世善报，后世亦善报；

今世根基牢固，后世根基亦牢固。在现实生活中为有识之士所称誉，获世间果报。身坏命终后，转生天上善道。善生！应该知道饮酒有六种错失：一是损失钱财；二是损害身体；三是增加吵斗；四是臭名远扬；五是酒后失态，多生恚愤；六是有损智慧。善生！如果长者、长者之子饮酒不已，他的财产就会逐日损减。

"善生！赌博有六种过失。哪六种过失呢？一是财产逐日损耗；二是即使赌博赢了，仍会招来他人怨愤；三是受到有识之士的谴责；四是得不到别人的敬重；五是为人处事，性情乖僻；六是易生盗窃之心。善生！这就是赌博的六种危害。如果长者、长者之子赌博成性，其家业就会逐日损减。

"放浪形骸有六种危害：一是没有爱护自己的身体健康；二是没有珍惜财物；三是不爱护子孙后代；四是经常提心吊胆，唯恐发生不测之祸；五是痛苦缠身；六是常生非分之想。这就是放浪形骸的六种危害。如果长者、长者之子放浪形骸，其家产就会逐日损减。

"善生！迷恋歌舞伎乐有六种危害：一是贪求歌乐，二是贪求舞乐，三是贪求琴瑟之乐，四是贪求波内早（故事），五是贪求多罗槃（手铃），六是贪求首呵那（大鼓）。这就是歌舞伎乐的六种危害。如果长者、长者之子贪图歌舞伎乐的享受，财产就会逐渐损减。

"结交恶人亦有六种危害：一是为人不坦诚，欺上瞒下；二是行为鬼鬼祟祟；三是引诱别人作恶；四是图谋他人财物；五是谋取私利，自私成性；六是喜欢吹毛求疵，搬弄是非。这就是结交恶人的六种危害。如果长者、长者之子认贼为友，结交恶人，家产财物就会日渐损减。

　　"懒惰懈怠有六种危害：一是贪图荣贵则不愿劳动；二是贫穷则不肯勤奋工作；三是天寒地冻时，则不肯勤勉工作；四是天气炎热时，则不肯勤勉工作；五是为时尚早，则不肯勤勉工作；六是为时已晚，则不肯勤勉工作。这就是懒惰懈怠的六种危害。如果长者、长者子懒惰成性，家业就会日渐衰落。"

原典

　　佛告善生："有四怨如亲，汝当觉知。何谓为四？一者畏伏，二者美言，三者敬顺，四者恶友。"

　　佛告善生："畏伏有四事。云何为四？一者先与后夺，二者与少望多，三者畏故强亲，四者为利故亲。是为畏伏四事。"

　　佛告善生："美言亲复有四事。云何为四？一者善恶斯顺，二者有难舍离，三者外有善来密止之，四者见有危事便排挤之。是为美言亲四事。敬顺亲复有四事。云何为四？一者先诳，二者后诳，三者现诳，四者见有小过便加杖之。是为敬顺亲四事。恶友亲复有四事。云何为四？一者饮酒时为友，二者博戏时为友，三者淫逸时为友，四者歌舞时为友。是为恶友亲四事。"

　　佛告善生："有四亲可亲，多所饶益，为人救护。云何为四？一者止非，二者慈愍，三者利人，四者同事。是为四亲可亲，多所饶益，为人救护，当亲近之。善生！彼止非有四事，多所饶益，为人救护。云何为四？一者见人为恶，则能遮止；二者示人正直；三者慈心愍念；四者示人天路。是为四止非，多所饶益，为人救护。复次，慈愍有四事：一者见利代喜；二者见恶代忧；三者称誉人德；四者见人说恶，便能抑制。是为四慈愍，多所饶益，为人救护。利人有四。云何为四？一者护彼不令放逸，二者护彼放逸失财，三者护彼使不恐怖，四者屏相教诫。是为四利人，多所饶益，为人救护。同事有四。云何为四？一者为彼不惜身命，二者为彼不惜财宝，三者为彼济其恐怖，四者为彼屏相教诫。是为四同事，多所饶益，为人救护。"

译文

佛告诉善生说："你应该觉知，世间有四种表面亲近，实则怨愤的行为。哪四种行为呢？一是敬畏而顺服的行为，二是花言巧语，三是恭敬而服从的行为，四是恶友的行为。"

佛告诉善生说："因敬畏而顺服的行为，有四种表现形式。哪四种表现形式呢？一是先给予，后夺取；二是给予少，而期望回报多；三是因敬畏，所以强作亲近；四是因为利害关系，所以强作亲近。这就是四种敬畏而顺服的行为。"

佛告诉善生说："花言巧语的亲近行为亦有四种表现形式。哪四种表现形式呢？一是无论善恶都赞同；二是有困境时则临阵脱逃；三是遇有外者来访，则暗地里加以阻止；四是一旦发现有危难之事，则暗中排挤。这就是花言巧语表面亲近的四种行为表现。敬顺的亲近行为亦有四种表现。哪四种表现呢？一是事先说谎；二是事后说谎；三是现在说谎；四是发现小错，便大肆攻击。这就是敬顺的表面亲近的四种行为。恶友相亲的行为亦有四种表现。哪四种表现呢？一是饮酒作乐时，结交为友；二是赌博时结交为友；三是淫逸放纵时，结交为友；四是歌舞作乐时，结交为友。这就是恶友相亲的四种行为表现。"

佛告诉善生说："世间有四种亲近行为值得效法，多有裨益，是人类的救护行为。哪四种亲近行为呢？一是制止错误的行为，二是慈愍为怀，三是利他利人，四是志同道合。这就是四种值得效法的亲善行为，多有裨益，是人类的救护行为，当亲近接纳。善生！制止错误有四种表现形式，多有裨益，是人类的救护行为。哪四种表现呢？一是发现有人作恶，则能加以制止；二是能够给人指明正直良善的行为；三是慈心愍念一切众生；四是指示出人天之路。这就是四种制止错误行为的表现形式，多有裨益，是救护人类的行为。又慈愍一切众生亦有四种表现：一是看到他人事业有成，则替他们感到欣慰；二是看到他人犯下罪恶，则为他们感到忧伤；三是时常称誉别人的功德；四是看到别人说讲恶言恶语，则能够加以制止。这就是慈愍众生的四种表现，多有裨益，是人类的救护行为。利他利人亦有四种行为。哪四种行为呢？一是护佑他人，不让其放逸散乱；二是护佑他人，不让其放逸失财；三是护佑他人，不让其担惊受怕；四是护佑他人善行。这就是利他利人的四种行为，多有裨益，是人类的救护行为。志同道合亦有四种行为。哪四种行为呢？一是为知己者不惜献出自己的生命，二是为知己者不惜奉献出一切财产，三是为知己者排忧解难，四是劝导他人行善。这就是志同道合的四种行为，多有裨益，是人类的自我救护的行为。"

原典

佛告善生："当知六方。云何为六方？父母为东方，师长为南方，妻妇为西方，亲党为北方，僮仆为下方，沙门、婆罗门诸高行者为上方。善生！夫为人子，当以五事敬顺父母。云何为五？一者供奉能使无乏；二者凡有所为，先白父母；三者父母所为，恭顺不逆；四者父母正令，不敢违背；五者不断父母所为正业。善生！夫为人子，当以此五事敬顺父母。父母复以五事敬亲其子。云何为五？一者制子不听为恶，二者指授示其善处，三者慈爱入骨彻髓，四者为子求善婚娶，五者随时供给所须。善生！子于父母敬顺恭奉，则彼方安隐，无有忧畏。

"善生！弟子敬奉师长复有五事。云何为五？一者给侍所须；二者礼敬供养；三者尊重戴仰；四者师有教敕，敬顺无违；五者从师闻法，善持不忘。善生！夫为弟子，当以此五法敬事师长。师长复以五事敬视弟子。云何为五？一者顺法调御；二者诲其未闻；三者随其所问，令善解义；四者示其善友；五者尽以所知，诲授不悋。善生！弟子于师长敬顺恭奉，则彼方安隐，无有忧畏。

"善生！夫之敬妻亦有五事。云何为五？一者相待以礼，二者威严不媟，三者衣食随时，四者庄严以时，五者委付家内。善生！夫以此五事敬待于妻。妻复以五事恭敬于夫。云何为五？一者先起，二者后坐，三者和言，四者敬顺，五者先意承旨。善生！是为妻之于夫敬待，如是则彼方安隐，无有忧畏。

"善生！夫为人者，当以五事亲敬亲族。云何为五？一者给施，二者善言，三者利益，四者同利，五者不欺。善生！是为五事亲敬亲族。亲族亦以五事亲敬于人。云何为五？一者护放逸，二者护放逸失财，三者护恐怖者，四者屏相教诫，五者常相称叹。善生！如是敬视亲族，则彼方安隐，无有忧畏。

"善生！主于僮使，以五事教授。云何为五？一者随能使役，二者饮食随时，三者赐劳随时，四者病与医药，五者纵其休假。善生！是为五事教授僮使。僮使复以五事奉事其主。云何为五？一者早起，二者为事周密，三者不与不取，四者作务以次，五者称扬主名。是为主待僮使，则彼方安隐，无有忧畏。

"善生！檀越①当以五事供奉沙门、婆罗门。云何为五？一者身行慈，二者口行慈，三者意行慈，四者以时施，五者门不制止。善生！若檀越以此五事供奉沙门、婆罗门，沙门、婆罗门当复以六事而教授之。云何为六？一者防护不令为恶，二者指授善处，三者教怀善心，四者使未闻者闻，五者已闻能使善解，六者开示天路。善生！如是檀越恭奉沙门、婆罗门，则彼方安隐，无有忧畏。"

注释

①**檀越：**梵语 Dānapati，意即施主，义为由布施之功德而越贫穷苦海。

译文

佛告诉善生说："你应该理解六方的含义。什么叫六方？父母双亲是东方，师尊长老者是南方，妻子是西方，亲朋良友为北方，僮仆为下方，沙门、婆罗门中的德行超迈者为上方。善生！作为人之子，应该以五种行为敬顺父母双亲。哪五种行为呢？一是供奉父母，使双亲免遭困乏；二是自己有所打算，首先要禀告双亲；三是父母双亲的要求，恭敬顺从地接纳，没有违逆；四是父母正确的指示，不敢私自违背；五是不中断父母辈所从事的正当职业。善生！作为人之子，应当以这五种行为敬顺父母双亲。父母亦以五种行为爱护其子。哪五种行为呢？一是制止子女的不良行为，避免罪恶；二是以善良行为教导子女；三是从内心深处慈爱子女；四是给子女提供美满婚姻；五是尽力使子女免受饥困。善生！子女敬顺父母，恭奉父母，则能使父母安享人生，绝无后顾之忧。

"善生！弟子晚辈敬奉恩师长辈有五种行为。哪五种行为呢？一是给予师长应有的生活照顾；二是礼敬供养师长；三是尊重敬仰师长；四是对于师长的教导，敬顺不违；五是追随师说，忆持不忘。善生！作为弟子，应当以这五种行为敬重师长。师长亦应以五种行为关心爱护弟子。哪五种行为呢？一是循循善诱，诲人不倦；二是教导学生新学识；三是善于解答学生的困惑疑难；四是给学生提供良好的学习环境和学习伙伴；五是尽己所知，教书育人。善生！弟子敬顺师长，恭奉师长，则能使师长安乐，没有忧患和顾虑。

"善生！丈夫敬爱妻子亦有五种行为。哪五种行为呢？一是相敬如宾，以礼相待；二是威严而不轻浮；三是衣食随时满足，使妻子免于困乏；四是庄重而维护妻子的人格尊严；五是委托妻子家务事。善生！丈夫以这五种行为敬待妻子。妻子亦以五种行为恭敬丈夫。哪五种行为呢？一是早晨先起床；二是等人们安坐后再落座；三是说话轻声细语，语调和缓；四是尽量敬顺丈夫；五是为人处事，默契无间。善生！这就是妻子对丈夫的敬待行为，能够使丈夫安乐，无后顾之忧。

　　"善生！作为一个人，应该以五种行为亲善尊重亲族。哪五种行为呢？一是尽量照顾亲族们的生活；二是言语上以礼相待，并直言不讳；三是为亲族的利益着想；四是谋求共同利益；五是坦诚相待，不欺不妄。善生！这就是亲善尊重亲族的五种行为。亲族亦以五种亲敬行为加以回报。哪五种亲敬行为呢？一是护佑而不令其放逸散乱；二是护佑而不使其放逸失财；三是护佑而使其免遭恐惧；四是劝导其行善事；五是常常称赞对方的优点、美德。善生！如此亲敬亲族，则能使亲族安居乐业，无后顾之忧。

　　"善生！主人对于僮仆，用五种行为加以规范教育。哪五种行为呢？一是随时都能使唤，二是提供衣食条件，三是能够参与一切劳作，四是患病时能给予医药，五是能安排休假时间。善生！这就是主人规范教育僮仆的五种行为。僮仆亦以五种行为奉事主人。哪五种行为呢？一是早起；二是处事周到细致；三是不给则不取，忠诚相待；四是处理事务有条不紊；五是称颂、维护主人的名誉。这就是主人对待僮仆的态度，能使对方安居乐业，无后顾之忧。

"善生！佛教施主应该以五种行为供奉沙门、婆罗门。哪五种行为呢？一是身行慈善，二是口言慈善，三是意念慈善，四是能因时布施，五是不闭门拒绝沙门。善生！如果佛教施主以这五种行为供奉沙门、婆罗门，沙门、婆罗门则应该以六种行为指导他们。哪六种行为呢？一是防护他们作恶犯错，二是指导善良行为，三是教育他们胸怀善心，四是使未曾听讲者得以知解佛法，五是使已经听讲佛法者获致深刻理解，六是给他们开示生命解脱的根本道路。善生！施主檀越如此恭奉沙门、婆罗门，则能使他们安隐无忧。"

14 清净经

佛告周那①："或有外道梵志作是说言：'沙门瞿昙尽知过去世事，不知未来事。'彼比丘，彼异学梵志智异，智观亦异，所言虚妄。如来于彼过去事，若在目前无不知见；于未来世生于道智②。过去世事虚妄不实，不足喜乐，无所利益，佛则不记；或过去事有实，无可喜乐，无所利益，佛亦不记；若过去事有实，可乐，而无利益，佛亦不记；若过去事有实，可乐，有所利益，如来尽知，然后记之。未来、现在，亦复如是。如来于过去、未来、现在，应时语、实语、义语、利语、法语、律语，无有虚也。佛于初夜③成最正觉，及末后夜④，于其中间有所言说，尽皆如实，故名如来。复次，如来所说如事，事如所说，故名如来。以何等义名等正觉？佛所知见、所灭、所觉，佛尽觉知，故名等正觉⑤。

"或有外道梵志作如是说：'世间常存，唯此为实，余者虚妄。'或复说言：'此世无常，唯此为实，余者虚妄。'或复有言：'世间有常无常，唯此为实，余者虚妄。'或复有言：'此世间非有常非无常，唯此为实，余者虚妄。'或复有言：'此世间有边，唯此为实，余者虚妄。'或复有言：'世间无边，唯此为实，余者虚妄。'或复有言：'世间有边无边，唯此为实，余者虚妄。'或复有言：'世间非有边非无边，唯此为实，余者虚妄。'或复有言：'是命⑥是身，此实余虚。'或复有言：'非命非身，此实余虚。'或复有言：'命异身异，此实余虚。'或复有言：'非异命非异身，此实余虚。'或复有言：'如来终，此实余虚。'或复有言：'如来不终，此实余虚。'或复有言：'如来终不终，此实余虚。'或复有言：'如来非终非不终，此实余虚。'诸有此见，名本生本见⑦，今为汝记，谓：'此世常存，乃至如来非终非不终，唯此为实，余者虚妄，是为本见本生，为汝记之。'

注释

①**周那：** 人名。亦作纯陀、准陀。佛陀自行乞食，

来到周那处，接受了最后一次供养，并为周那做最后一次说法，中夜入灭。

②**道智**：佛教名词。为佛教十智之一。指能证道谛佛理的智慧。

③**初夜**：佛教昼夜六时之一。昼三时指晨朝、日中、日没；夜三时指初夜、中夜、后夜。

④**后夜**：佛教夜三时之一。

⑤**等正觉**：佛教名词。梵语音译即三藐三菩提，如来十号之三，亦作正遍知。指如来智慧平等无二地遍知一切诸法。

⑥**命**：佛教名词。梵语 Jīva。佛教认为，命是维持生物存活的基本元素，有人理解为命即灵魂。命，亦作命根，指维持生命活动和意识活动的实体存在。

⑦**本生本见**：指与生俱来、根深蒂固的见解。

译文

佛告诉周那说："或许有的外道梵志会这样认为：'沙门瞿昙完全理解过去世时发生的一切事件，但并不能预知未来世即将发生的事件。'那些比丘们，那些持异端学说的梵志，他们的智慧不同，智慧观察亦不同，他们的观点是虚妄不实的。如来对于那些过去发生的事件，宛如发生在眼前，无不知晓明了。如来对于未来世间则生于根本智慧，亦无所不知。过去世所发生的事件，如果虚妄不实，不足以感到生命的喜乐，无所裨益于生命，佛则不记；或者过去世所发生的事件真实不虚，但没有值得生命喜乐，无所裨益于生命，佛亦不记；如果过去世所发生的事件真实，而且值得喜乐，但没有裨益，则佛亦不记；如果过去世所发生的事件真实不虚，值得喜乐，并且有所裨益，如来则能完全了解，然后记忆不忘。未来世、现在世所发生的一切事件，莫不如此。如来对于过去世、未来世、现在世所发生的事件，应时应机地言说、如实地言说、正直地言说、积极地言说、根本地言说、规范地言说，没有虚妄。佛在初夜修证无上正等正觉，直至后夜，其间佛有所言说，全都如实而终极，所以称名如来。而且，如来所说有如事件的真实情形，事件的真实情形有如佛所言说，所以称为如来。由于什么意义才称佛为最正觉？佛所知见的一切存在现象、理论学说，佛所灭除的一切烦恼、困惑，佛所觉悟的一切真理、境界，佛都彻底觉知，所以称佛为等正觉，佛对于一切存在都能平等无碍地正确觉解。

"或许有些外道梵志作如是言论：'世间永恒存在，只有这才是真理，其他学说都是谬论。'或许有些人又主张：'这个世间是无常的存在，只有这才是真理，其他学说都是谬论。'或许有些人又认为：'这个世间是永恒和无常的存在，其他学说都是谬论。'或许有些人又认为：'这个世间既不是永恒存在，亦不是无常存在，只有这才是真理，其他学说都是谬论。'或许有人认为：'这个世间是有边际的存在，其他的学说一概是谬论。'或许又有人认为：'这个世间是无边际的存在，只有这才是真理，其他学说一概是谬论。'或许又有人说：'这个世间是既有边际又无边际的存在，只有这才是真理，其他学说一概是谬论。'或许又有人认为：'这个世间既非有边际的存在，亦非没有边际的存在，只有这才是真理，其他学说一概是谬论，虚妄不实。'或许又有人主张：'灵魂与肉体才是真实存在，其他的存在物一概虚妄不实。'或许又有的人认为：'没有灵魂，亦没有肉体，这才是真实的，其他学说一概虚妄不实。'或许又有人主张：'灵魂不同，身体亦不同，这才是真实，其他学说都是虚妄。'或许又有人主张：'没有不同的灵魂，亦没有不同的肉体，这是真实，其他一概都是虚妄。'或许又有人主张：'如来有命终，只有这才是真实，其他一概虚妄不真。'或许又有人说：'如来没有命终，只有这才是真实，其他一概虚妄不真。'或许又有人主张：'如来既有命终，又没有命终，只有这才是真实，其他一概是虚妄谬论。'或许又有人认为：'如来既非有命终，亦非没有命终，只有这才是真理，其他一概都是虚妄的谬论。'诸如此类的见解，叫作本生本见，都是与生俱来的见解。现在给你们记述本生本见，即：'这个世间永恒存在，乃至如来既非有命终，亦非没有命终，只有这些见解才是真实的，其他学说则一概虚妄不真，这就是所谓的本生本见，我为你们记述。'

原典

"所谓末见末生者，我亦记之。何者末见末生？我所记者，色是我①，从想有终，此实余虚；无色是我，从想有终；亦有色亦无色是我，从想有终；非有色非无色是我，从想有终。我有边，我无边，我有边无边，我非有边非无边，从想有终。我有乐，从想有终；我无乐，从想有终；我有苦乐，从想有终；我无苦乐，从想有终。一想是我，从想有终；种种想是我，从想有终；少想是我，从想有终；无量想是我，从想有终。此实余虚。是为邪见本见本生，我之所记。

"或有沙门、婆罗门有如是论，有如是见：'此世常存，此实余虚；乃至无量想是我，此实余虚。'彼沙门、婆罗门复作如是说、如是见：'此实，余者虚妄。'当报彼言：'汝实作此论云，此世常存，此实余虚耶？如此语者，佛所不许。所以者何？此诸见中各有结使。我以理推，诸沙门、婆罗门中，无与我等者，况欲出过？'此诸邪见中但有言耳，不中共论；乃至无量想是我，亦复如是。

"或有沙门、婆罗门作是说：'此世间自造。'复有沙门、婆罗门言：'此世间他造。'或复有言：'自造他造。'或复有言：'非自造非他造，忽然而有。'彼沙门、婆罗门言世间自造者，是沙门、婆罗门皆因触因缘。若离触因而能说者，无有是处。所以者何？由六入身故生触，由触故生受，由受故生爱，由爱故生取，由取故生有，由有故生生，由生故有老、死、忧、悲、苦、恼大患阴集。若无六入则无触，无触则无受，无受则无爱，无爱则无取，无取则无有，无有则无生，无生则无老、死、忧、悲、苦、恼大患阴集。又言此世间他造，又言此世间自造他造，又言此世间非自造非他造，忽然而有，亦复如是，因触而有，无触则无。"

注释

①"色是我"，此非佛法，佛教主张色即是空，色即无常，空则无自性，无常即无我，因此，色是无我，非"色是我"。

"所谓末见末生，我亦记述。何谓末见末生呢？我所记述的末见末生，包括：色就是我的存在，从想而有终结，这是真实的，其他则是虚妄的；没有色的存在，才是我的存在，由于想的作用而有终结；既有色的存在又没有色的存在，才是我的存在，由于想的作用而有终结；既非有色的存在亦非没有色的存在，才是我的存在，由于想的作用而有终结。我的存在具有边际，我的存在没有边际，我的存在既有边际又没有边际，我的存在既非有边际亦非没有边际，这些都由于想的理性作用而有终结。我具有乐的感受，由于想的理性作用而有终结；我没有乐的感受，由于想的理性作用而有终结；我既有苦的感受亦有乐的感受，由于想的理性作用而有终结；我既没有苦的感受，亦没有乐的感受，由于想的理性作用而有终结。一种想的理性活动，就反映了我的存在，由于想的理性作用而有终结；种种想的理性活动亦反映了我的存在，并由于想的理性作用而有终结；少量想的理性活动是我的存在表现，并由于想的理性作用而有终结；无量想的理性活动也是我的存在表现，并由于想的理性作用而有终结。这些都是真正实在的见解，而其他见解则一概都是虚妄不实。这就是邪见的本见本生，都是人类与生俱来的错误的见解，这些见解都由我所记述下来。

"或许有些沙门、婆罗门持有这样的学说，持有这样的见解：'这个世间永恒存在，这是真实的，其他都是虚妄不实的；乃至无量想的理性活动是我的存在表现，这是真实的，其他一概都是虚妄不实。'那些沙门、婆罗门，又持如是说，持如是见：'只有这些观点、这些见解是真实的，其他则一概都是虚妄不实。'应当回答他们说：'你们果真主张，这个世间永恒存在，只有这才是真实的，其他都是虚妄不真的吗？这样的观点，是佛所不同意、不赞成的。为什么呢？因为诸如此类的见解里都存在着结使烦恼。我以理性推论，诸沙门、婆罗门中，并没有谁能与我平起平坐，更何况超过我呢？'在这些不正确的见解中，只不过是些言谈而已，并没有切中普遍的认识；乃至无量想的理性活动是我的存在表现，这一见解，莫不如此。

"或许又有的沙门、婆罗门这样认为：'这个世间是自己创造的。'又有的沙门、婆罗门认为：'这个世间是他造的。'又有的认为：'这个世间既是自造的，又是他造的。'又有的认为：'这个世间既非自造，亦非他造，而是突然之间出现于世的。'那些沙门、婆罗门认为世间是自造的，是因为这些沙门、婆罗门都基于触境的缘故。如果离开触境的存在而能说世间自造，那是绝不可能的。为什么呢？由于眼、耳、鼻、舌、身、意六入的存在，所以人身才产生触境；由于触境的存在，才有苦乐诸感受的存在；由于苦乐诸感受的存在，才有贪爱的存在；由于贪爱的存在，才有执取的存在；由于执取的存在，才有善恶业行的存在；由于善恶业行的存在，才有来世再生的轮回存在；由于来世再生的存在，才有衰老、死亡、忧愁、悲哀、痛苦、烦恼等巨大患难的蕴集。如果没有眼、耳、鼻、舌、身、意六入的存在，那就没有触境的存在；如果没有触境的存在，那就没有苦乐诸感受的存在；没有苦乐诸感受的存在，亦就没有贪爱的欲望；没有贪爱的欲望，亦就没有执取；没有执取，亦就没有善恶业报；没有善恶业报，亦就没有来世再生；没有来世再生，亦就没有衰老、死亡、忧愁、悲哀、痛苦、烦恼等巨大患难的蕴集。又认为这个世间他造，认为这个世间既自造又他造，又认为这个世间既非自造又非他造，而是忽然出现，这些见解，亦是如此，都由于触境的存在而存在，都由于触境的不存在而不存在。"

佛告诸比丘："若欲灭此诸邪恶见者，于四念处当修三行。云何比丘灭此诸恶，于四念处当修三行？比丘！谓内身身观，精勤不懈，忆念不忘，除世贪忧；外身身观，精勤不懈，忆念不忘，除世贪忧；内、外身身观，忆念不忘，除世贪忧。受、意、法观亦复如是。是为灭众恶法。于四念处三种修行，有八解脱①。云何为八？色观色，初解脱；内无色想，外观色，二解脱；净解脱，三解脱；度色想，灭有对想，住空处，四解脱；舍空处，住识处，五解脱；舍识处，住不用处，六解脱；舍不用处，住有想无想处，七解脱；灭尽定，八解脱。"

注释

①**八解脱**：佛教名词。亦作八解、八背舍等。指舍弃三界烦恼系缚的八种禅定修行方法。八解脱的主要内容包括：（一）内有色想观外色解脱，由观外色不净而除内在色想的贪着；（二）内无色想观外色解脱，由观外色不净而坚定内无色想之心，是为二禅解脱；（三）净解脱，由观清净色而除不净相；（四）空无边处解脱；（五）识无边处解脱；（六）无所有处解脱；（七）

非想非非想处解脱；以上三者分别由观苦、空、无常、无我而生厌离之心，由此获致解脱。（八）灭受想定解脱，此依第四禅，舍弃非非想处而获解脱。

译文

　　佛告诉比丘们说："如果想灭却诸邪恶的见解，必须在四念处修习三种行为。比丘们！什么才是灭却邪恶的见解，在四念处修习三种行为呢？比丘！一指持守内身身观，观身不净，精进修行，从不懈怠，忆持不忘，断除尘世的贪忧烦恼；二指持守外身身观，观外身无常，精进修行，从不懈怠，忆持不忘，断除尘世的贪忧烦恼；三是内身观、外身观并修，忆念不忘，断除尘世的贪忧烦恼。修习受、意、法观，亦是如此。这就是灭除诸恶的修行法门。在修身念处、受念处、意念处、法念处中，精勤不懈，忆念不忘，除世贪忧，这三种修行将具有八种解脱。哪八种解脱呢？一以色观色，是初解脱；二内无色的观念，外有色的形象，是二解脱；三于色身作清净观，并因而获清净解脱，是三解脱；四修除色身有常的观念，消除观念与实在相应存在的思量，使意识住于空无边处的境界，这是四解脱；五舍弃空无边处的境界，住达识无边处的境界，这是五解脱；六舍弃识无边处的境界，住达一切无所有的境界，这是六解脱；七舍弃一切无所有的境界，住达有思量而非思量的境界，这是七解脱；八舍灭受、想的禅定境界，并获解脱，这是八解脱。"

15　自欢喜经

舍利弗白佛言："如来说法复有上者，所谓道①也。所谓道者，诸沙门、婆罗门以种种方便，入定、慧、意三昧。随三昧心修念觉意，依欲，依离，依灭尽，依出要法；精进、喜、猗、定、舍觉意，依欲，依离，依灭尽，依出要。此法最上，智慧无余，神通无余，诸世间沙门、婆罗门无能与如来等者，况欲出其上！

"如来说法复有上者，所谓为灭②。灭者，谓苦灭迟得，二俱卑陋；苦灭速得，唯苦卑陋；乐灭迟得，唯迟卑陋；乐灭速得，然不广普，以不广普，故名卑陋。如今如来乐灭速得，而复广普，乃至天、人见神变化。"

舍利弗白佛言："世尊所说微妙第一。下至女人，亦能受持。尽有漏成无漏，心解脱③，慧解脱④，于现法中自身作证，生死已尽，梵行已立，所作已办，不受后有。是为如来说无上灭。此法无上，智慧无余，神通无余，诸世间沙门、婆罗门无能与如来等者，况欲出其上！

"如来说法复有上者，谓言清净。言清净者，世尊于诸沙门、婆罗门，不说无益虚妄之言；言不求胜，亦不朋党；所言柔和，不失时节，言不虚发，是为言清净。此法无上，智慧无余，神通无余，诸世间沙门、婆罗门无有与如来等者，况欲出其上！

"如来说法复有上者，谓见定。彼见定者，谓有沙门、婆罗门种种方便，入定意三昧，随三昧心，观头至足，观足至头，皮肤内外，但有不净发、毛、爪、甲，肝、肺、肠、胃、脾、肾五脏，汗、肪、髓、脑、屎、尿、涕、泪，臭处不净，无一可贪，是初见定。诸沙门、婆罗门种种方便，入定意三昧，随三昧心，除去皮肉外诸不净，唯观白骨及与牙齿，是为二见定。诸沙门、婆罗门种种方便，入定意三昧，随三昧心，除去皮肉外诸不净及白骨，唯观心识在何处住，为在今世？为在后世？今世不断，后世不断；今世不解脱，后世不解脱，是为三见定。诸沙门、婆罗门种种方便，入定意三昧，随三昧心，除去皮肉外诸不净及除白骨，复重观识：识在后世，不在今世；今世断，后世不断；今世解脱，后世不解脱，是为四见定。诸有沙门、婆罗门种种方便，入定意三昧，随三昧心，除去皮肉外诸不净及除白骨，复重观识：不在今世，不在后世，二俱断，二俱解脱，是为五见定。此法无上，智慧无余，神通无余，诸世间沙门、婆罗门无与如来等者，况欲出其上！"

注释

①道：佛教名词。能通达涅槃境界的道路、途径、修行方法。此指道谛，即灭除苦难，证达涅槃的解脱正道。主要包括八正道。

②灭：佛教名词。指人生现实苦难的灭寂和解脱。此即灭谛，灭尽贪欲，舍除生死苦果，证达涅槃。

③心解脱：佛教名词。二解脱之一，亦作俱解脱。心解脱指心离贪爱，证达灭尽禅定的阿罗汉解脱境界。

④慧解脱：佛教名词。指智慧能舍离一切烦恼障，而证达涅槃解脱，为阿罗汉未得灭尽禅定解脱的境界。

译文

舍利弗告诉佛说："如来教法中还有超越其他学说的思想，那就是道的思想。所谓道，就是沙门、婆罗门以种种方便修习法门，证入禅定、智慧、意念的三昧境界。然后随三昧心修习念觉意，依止对善法欲的信心，依止对世俗安乐的离弃，依止灭尽烦恼，依止解脱生死的出要之道；并随三昧心修习精进觉意，随三昧心修习喜觉意，随三昧心修习猗觉意，随三昧心修习定觉意，随三昧心修习舍觉意，都依止对善法欲的信心，依止对世俗安乐的离弃，依止灭尽烦恼，依止解脱生死的出要之道。这才是最根本的无上教法，能够获致无穷智慧，能够实现无数神通，世间所有沙门、婆罗门的种种说教都不可与如来教法相比，更何况说超越如来教法呢！

"如来教法中还有超越其他学说的思想，那就是灭的思想。对于修习灭的人来说，如果苦灭迟迟实现，那么苦灭与苦灭的迟迟实现，都是卑陋的；如果苦灭很快实现，那么只有苦才是卑陋的；如果乐于苦灭而迟迟实现，那么只有迟才是卑陋的；如果乐于苦灭而速得，但没有广泛推广，则由于不广泛推广而称之为卑陋。现在如来乐灭而速得，而且广泛推广，乃至天、人能看见神通变化。"

舍利佛对佛说："世尊教法微妙无比，世间第一。即使是女人，亦能够受持如来教法。女人亦能修尽有漏烦恼，亦能够成就无漏解脱，实现心灵的解脱，达到生死的智慧解脱，在现法中亲身做证，生死烦恼已修尽，解脱梵行已确立，所应该做的事都已成就，从此不再有轮回。这就是如来教法中至高无上的灭的思想。这才是世间无上的教法，能获致无穷智慧，能实现广大无边的神通，世间所有沙门、婆罗门都没有比得上如来教法的学说，更何况超越如来教法呢！

"如来说法中还有根本的思想，那就是言语清净无秽。所谓言语清净无秽，指世尊面对世间的沙门、婆罗门，从不说毫无益处的虚妄言论；如来所说，既不求胜于他人，亦不拉帮结伙；如来所说，总是言语柔和，娓娓动人，晓人以理，因时利导，不发空洞无物的言论，这就是如来所说，言语清净无争。这才是世间无上的教法，能够获致无穷的生命智慧，能够实现广大无边的神通，世间所有沙门、婆罗门都比不上如来，更何况超越世尊呢！

"如来说法中还有更根本的思想，那就是体认禅定的思想。那些体认禅定的修习者，以沙门、婆罗门的种种方便法门，修入定意三昧境界，随三昧心，观头及至足，然后观足及至头，直到皮肤及身内、身外，只有不净的发、毛、爪、甲、肝、肺、肠、胃、脾、肾五脏，汗、肪、髓、脑、屎、尿、涕、泪，都异臭不净，没有值得贪求的，这是最初体认禅定的境界。世间沙门、婆罗门以种种方便法门，修入禅定三昧境界，并随禅定三昧心，修除皮肉外表的不净，唯观想体内白骨以及牙齿，这是第二禅定境界。世间沙门、婆罗门以种种方便法门，修入禅定心的三昧境界，并随三昧心的禅定境界，修除人身皮肉外表的不净及白骨，唯独观想心识住于何处，心识存在于今世？心识存在于后世？心识今世不断，后世亦不断；心识在今世不得解脱，在后世亦不得解脱，这就是体认禅定的第三境界。世间的沙门、婆罗门以种种方便法门，修入禅定心的三昧境界，并随三昧心的禅定境界，修除皮肉外的所有不净以及白骨观，再次观想心识：心识存在于后世，而不在今世；心识在今世是间断的，而在后世却是不间断的；心识在今世得解脱，而在后世则不解脱，这就是体认禅定的第四境界。世间的沙门、婆罗门以种种方便法门，修入禅定心的三昧境界，并随三昧心，修除皮肉外表的所有不净观，修除皮肉内部的白骨观，再次观想心识：心识既不存在于今世，亦不存在于后世；心识在今世是间断的，在后世亦是间断的；心识既在今世得解脱，亦在后世得解脱，这就是修习禅定的第五境界。这是无上的修行方法，能够获致无穷的生命智慧，能够实现广大无边的神通，世间所有的沙门、婆罗门没有比得上如来的，更何况超越如来世尊呢！"

16 阿摩昼经

佛告摩纳[①]："若如来出现于世，应供、正遍知、明行足、为善逝、世间解、无上士、调御丈夫、天人师、佛、世尊，于一切诸天、世人、沙门、婆罗门、天、魔、梵王中，独觉自证，为人说法。上语亦善，中语亦善，下语亦善。义味具足，开清净行。若居士、居士子及余种姓，闻正法者即生信乐，以信乐心而作是念：我今在家，妻子系缚，不得清净纯修梵行。今者宁可剃除须发，服三法衣，出家修道。彼于异时，舍家财产，捐弃亲族，剃除须发，服三法衣，出家修道。与出家人同舍饰好，具诸戒行。

"不害众生，舍于刀杖，怀惭愧心，慈念一切，是为不杀。舍窃盗心，不与不取，其心清净，无私窃意，是为不盗。舍离淫欲，净修梵行，殷勤精进，不为欲染，洁净而住，是为不淫。舍离妄语，至诚无欺，不诳他人，是为不妄语。舍离两舌，若闻此语，不传至彼；若闻彼语，不传至此；有离别者，善为和合，使相亲敬；凡所言说，和顺知时，是为不两舌。舍离恶口，所言粗犷，喜恼他人，令生忿结，舍如是言；言则柔软，不生怨害，多所饶益，众人敬爱，乐闻其言，是为不恶口。舍离绮语，所言知时，诚实如法，依律灭诤；有缘而言，言不虚发，是为舍离绮语。舍于饮酒，离放逸处，不着香华璎珞，歌舞倡伎不往观听，不坐高床，非时不食，金银七宝不取不用，不娶妻妾，不畜奴婢、象、马、车、牛、鸡、犬、猪、羊、田宅、园观。不为虚诈斗秤欺人，不以手拳共相牵曳，亦不抵债，不诬罔人，不为伪诈。舍如是恶，灭诸诤讼诸不善事。行则知时，非时不行。"

注释

①摩纳：人名。原指年少的修梵行者。

　　佛告诉摩纳说："如果如来出现于世，应供、正遍知、明行足、为善逝、世间解、无上士、调御丈夫、天人师、佛、世尊，十号具足，在一切诸天、世人、沙门、婆罗门、天、魔、梵王中，独自觉悟，亲身做证，为世人广说佛法。能应众生之上、中、下不同根机，因此，上语亦善为人知，中语亦善为人知，下语亦善为人知。语义和旨趣都同时具足，开发生命解脱的清净梵行。如果居士和居士之子，以及其他种姓，闻见佛教正法即生信顺佛法的喜乐之心，并且以信顺佛法的喜乐之心作如下观念：我现在受家庭妻儿的系缚，不能清净安宁地纯修梵行。我宁可剃除须发，服三法衣，出家修道。因此，他们在过后不久，舍离家庭财产，捐离亲朋好友，剃除须发，服三法衣，出家修行佛法。他们与所有的出家人一样，舍弃其他饰好，具足一切佛戒。

　　"不残害众生，远离刀杖兵器，胸怀惭愧之心，慈念一切众生，这就是不杀，反对一切杀戮行为。舍弃窃盗之心，不给即决不索取，心地清净，绝无私窃之意，这就是不盗，反对一切偷盗行为。舍离淫欲，清净修习梵行，精勤不懈，不为欲念所染，洁身自好，这就是不淫欲，反对一切淫欲行为。舍离妄语，所言真诚，绝无欺诳他人的言语，这就是不妄语，远离一切妄语行为。舍离一切搬弄是非的两舌行为，如果听闻此语，决不传到彼处；如果听闻彼语，亦不传到此处；如果有人生离别之心，则善加和合调解，使双方相互亲敬，和好如初；凡所言说，以和顺和合为上，所言具有针对性，因时因势，善加引导，这就是不两舌的行为。舍离恶口行为，如果所说的言语粗鲁，恼乱他人，使他人生忿结之心，那就应该舍离这种粗鲁的言语；所说的言语应该柔软而不尖刻，没有怨忿和伤害之心，多存饶益众生、利乐有情之心，使众人敬慕并乐闻其言，这就是不恶口的行为。舍离绮语，所说的言语知时知人，至诚如实如法，依律如实而言，没有争论；所言有因有据，不发空洞无物的言论，这就是舍弃并远离绮语的行为。舍离饮酒，远离放纵淫欲的场所，不戴香花、璎珞，不装扮自己，不去观听歌舞娱乐，不享用高广大床，非时则不享用食物，金、银等七种财宝既不贮藏亦不使用，不娶妻妾，不畜养奴婢、象、马、车、牛、鸡、狗、猪、羊，不置田宅园林。不做虚伪欺诈之事，不以斗秤欺瞒他人，不以手脚拳腿相加，打架斗殴，不从事借贷活动，不诬陷他人，不做伪诈之事。舍弃这些罪恶行为，根除种种争讼，消灭种种不善行为。行则知时，非时则不行。"

17　梵动经

原典

尔时，世尊告诸比丘："若有诸方便毁谤如来及法、众僧者，汝等不得怀忿结心，害意于彼。所以者何？若诽谤我、法及比丘僧，汝等怀忿结心、起害意者，则自陷溺。是故汝等不得怀忿结心，害意于彼。比丘！若称誉佛及法、众僧者，汝等于中亦不足以为欢喜庆幸。所以者何？若汝等生欢喜心，即为陷溺。是故汝等不应生喜。所以者何？此是小缘威仪戒行[①]，凡夫寡闻，不达深义，直以所见，如实赞叹。

"云何小缘威仪戒行，凡夫寡闻，直以所见，如实称赞？彼赞叹言：'沙门瞿昙灭杀除杀，舍于刀杖，怀惭愧心，慈愍一切。'此是小缘威仪戒行，彼寡闻凡夫以此叹佛。又叹：'沙门瞿昙舍不与取，灭不与取，无有盗心。'又叹：'沙门瞿昙舍于淫欲，净修梵行，一向护戒，不习淫逸，所行清洁。'又叹：'沙门瞿昙舍灭妄语，所言至诚，所说真实，不诳世人。沙门瞿昙舍灭两舌，不以此言，坏乱于彼；不以彼言，坏乱于此；有诤讼者能令和合，已和合者增其欢喜；有所言说，不离和合。诚实入心，所言知时。沙门瞿昙舍灭恶口，若有粗言伤损于人，增彼结恨长怨憎者，如此粗言尽皆不为；常以善言悦可人心，众所爱乐，听无厌足，但说此言。沙门瞿昙舍灭绮语，知时之语、实语、利语、法语、律语、止非之语，但说是言。

"'沙门瞿昙舍离饮酒，不着香华，不观歌舞，不坐高床，非时不食，不执金银；不畜妻息、僮仆、婢使；不畜象、马、猪、羊、鸡、犬及诸鸟兽；不畜象兵、马兵、车兵、步兵；不畜田宅种植五谷；不以手拳与人相加；不以斗秤欺诳于人；亦不贩卖券约断当，亦不取受抵债横生无端；亦不阴谋，面背有异；非时不行，为身养寿，量腹而食；其所至处，衣钵随身，譬如飞鸟，羽翮身俱。'此是持戒小小因缘，彼寡闻凡夫以此叹佛。

"'如余沙门、婆罗门食他信施，行遮道法，邪命②自活，或为人咒病，或诵恶咒，或诵善咒，或为医方、针灸、药石，疗治众病。沙门瞿昙无如此事。

"'如余沙门、婆罗门食他信施，行遮道法，邪命自活，或咒水火，或为鬼咒，或诵刹利咒，或诵象咒，或支节咒，或安宅符咒，或火烧鼠啮能为解咒，或诵知死生书，或诵梦书，或相手面，或诵天文书，或诵一切音书。沙门瞿昙无如此事。

"'如余沙门、婆罗门食他信施，行遮道法，邪命自活，瞻相天时，言雨不雨、谷贵谷贱、多病少病、恐怖安隐，或说地动、彗星、月蚀、日蚀，或言星蚀，或言不蚀。方面所在，皆能说之。沙门瞿昙无如此事。

"'如余沙门、婆罗门食他信施，行遮道法，邪命自活，或言此国当胜，彼国不如；或言彼国当胜，此国不如；瞻相吉凶，说其盛衰。沙门瞿昙无如是事。'诸比丘！此是持戒小小因缘，彼寡闻凡夫以此叹佛。"

注释

①**小缘威仪戒行**：指外道以琐碎的、世俗的、戒行的程度来称赞佛陀。

②**邪命**：与正命相对。佛教认为，如果比丘不以乞食如法自活，而从事不法的职业而谋生，则为邪命。邪命的方式有以下四种：（一）下口食，指种植粮食，制作汤药，以此谋生。（二）仰口食，指仰观星宿、日月，

以术数之学谋取衣食。（三）方口食，指结交豪强，游说四方，以求自活。（四）维口食，指从事种种咒术，卜算吉凶，以求衣食自活。

译文

那时，佛告诉比丘们说："如果有人攻击、诽谤如来、佛法及僧众，你们大家都不应该怀有忿恨烦恼之心，想报复他们。为什么要这样做呢？如果有人诽谤佛、法，诽谤比丘僧，你们就满怀忿恨烦恼之心，想报复他们，那么，你们自己就已经是有过错了。因此，你们大家都不应该心怀忿恨烦恼之心，企图报复诽谤佛、法、僧的人。比丘！如果有人称誉佛、法及众僧，你们大家亦都应淡然处之，不要因此而欢喜庆幸。为什么呢？如果你们生欢喜之心，那就已是一种自我迷失的行为。因此，你们大家都不应生欣喜快慰之心。为什么呢？因为这些只是小缘威仪戒行，凡夫众生孤陋寡闻，无法了达佛法深义，只是以亲身感受，以自己的所见所闻如实赞叹佛、法、僧。

"什么是小缘威仪戒行，孤陋寡闻的凡夫众生，只以自己的所见所闻，如实称赞佛、法、僧呢？凡夫们称叹佛说：'沙门瞿昙消灭杀戮，反对杀戮，弃绝一切刀杖兵器，满怀惭愧之心，慈愍一切众生。'这就是小缘威仪戒行，那些孤陋寡闻的凡夫以如此话语赞叹佛。他们还称叹说：'沙门瞿昙反对一切偷盗行为，消灭一切偷盗行为，没有任何偷盗之心。'他们又称叹说：'沙门瞿昙舍弃淫欲，净修生命梵行，一向持守戒律，不沾习淫逸行为，品行清白纯洁。'他们又称叹说：'沙门瞿昙舍弃、灭除一切妄语，所言至诚至实，从不虚诳世人。沙门瞿昙舍弃、灭除一切挑拨离间、搬弄是非的两舌行为，不搞阳奉阴违，当面一套，背后却是另一套。不以这种言语，在别人面前挑拨离间；然后，又不以另一种言语，在另一群人面前挑拨离间。有争讼吵架、意见分歧，佛法能使他们和合如初；而原本团结一致的，更加团结一致。如果有所言说，亦以和合众生为基本原则，一切言说不离和合。言语诚挚、诚恳，以情理入人心，所言都切合时机，具有针对性。沙门瞿昙舍灭恶言恶语的恶口行为，如果以粗言恶语伤害别人，增其仇恨，长其怨忿，如此粗言恶语，沙门瞿昙尽皆不为，尽加舍弃；沙门瞿昙常以善言愉悦人心，众所喜闻乐闻，百听不厌，并且只说这类与人为善的言语。沙门瞿昙舍灭绮语，拒斥一切花言巧语，所言都合乎时节因缘和众生根机，只说讲如实之语、利乐之语、正法之语、持戒之语、止非之语。

"'沙门瞿昙舍离饮酒，不着香华装扮自己，不观歌舞，不使用高床，不食用非时之食，不执蓄金银财物，不畜养妻子、儿女、僮仆、婢女；不畜养象、马、猪、羊、鸡、犬以及其他鸟兽；不畜养象兵、马兵、车兵、步兵；不蓄田宅，种植五谷；不以手脚拳腿与人相加，不打架斗殴；不以斗秤欺诳他人，不苛扣斤两；不贩卖券约以及典当，亦不取债及抵债，横生无端是非；亦不搞阴谋诡计，当面一套，背后又有一套；一切行为都见时而行，珍惜身体健康，量腹而食，不暴饮暴食；所到之处，衣钵随身，就像飞鸟一样，羽翅随身。'这些只是持戒的小小因缘，那些孤陋寡闻的凡夫以这些言语赞叹佛。

"'如其他沙门、婆罗门却享用信徒们的施舍，行违背正道的教法，以不正当的职业谋生，有的为人以符咒治病，有的诵恶咒，有的诵善咒，有的以医术、针灸、药石疗治众病。沙门瞿昙绝无如此职业。

"'如其他沙门、婆罗门享用信徒们的布施，却推行违反正道的教法，以不正当的职业自谋生路，有的符咒水灾、火灾，有的符咒鬼神，有的诵念刹帝利种姓的符咒，有的诵念大象的符咒，有的诵念人体肢节的符咒，有的诵念安宁家宅的符咒，有的诵念解除火烧鼠害的符咒，有的诵念了知死生的文书，有的诵念释梦之书，有的从事手相、面相，有的诵读以天文推知人事之书，有的诵念音韵之书。沙门瞿昙却决不从事这些职业。

　　"'如其他沙门、婆罗门享用信徒们的布施，却推行违反正道的教法，以不正当的职业谋生，如瞻观天象，预言下雨或不下雨、谷贵或谷贱、多病或少病、恐怖或安隐，或者有的推知地震、彗星、月蚀、日蚀，有的推知星蚀，有的推知不发生星蚀。种种方面的情形，都能推知解说。但是，沙门瞿昙却没有这种情形。

　　"'如其他沙门、婆罗门享用信徒们的布施，却推行违反正道之法，以不正当的职业谋生，有的说此国当胜，而彼国则不如；有的却说彼国当胜，而此国却不如；观相而知吉凶，论说国家盛衰。沙门瞿昙绝没有这种事情。'比丘们！这就是由于持戒净修佛法的小小因缘，使那些寡闻的凡夫们如此赞叹佛。"

18 种德经

原典

种德①白佛言：“若持戒具足，智慧通达，则所言至诚，无有虚妄，得名婆罗门也。”

佛言：“善哉！善哉！云何，种德！若于二法中舍一成一，亦所言诚实，无有虚妄，名婆罗门耶？”

答曰：“不得。所以者何？戒即智慧，智慧即戒。有戒有智，然后所言诚实，无有虚妄，我说名婆罗门。”

佛言：“善哉！善哉！如汝所说，有戒则有慧，有慧则有戒；戒能净慧，慧能净戒。种德！如人洗手，左右相须，左能净右，右能净左。此亦如是。有慧则有戒，有戒则有慧；戒能净慧，慧能净戒。婆罗门！戒慧具者，我说名比丘。”

尔时，种德婆罗门白佛言："云何为戒？"

尔时，世尊告婆罗门曰："如来出现于世，应供②、正遍知③、明行成④、善逝⑤、世间解⑥、无上士⑦、调御丈夫⑧、天人师⑨、佛、世尊。于诸天、世人、沙门、婆罗门中，自身作证，为他人说。上、中、下言，皆悉真正，义味具足，梵行清净。若长者、长者子闻此法者，信心清净；信心清净已，作如是观：在家为难，譬如桎梏，欲修梵行，不得自在。今我宁可剃除须发，服三法衣，出家修道。彼于异时舍家财业，弃捐亲族，服三法衣，去诸饰好，讽诵毗尼⑩，具足戒律，舍杀不杀，乃至心法四禅，现得欢乐。所以者何？斯由精勤，专念不忘，乐独闲居之所得也。婆罗门！是为具戒。"

又问："云何为慧？"

佛言："若比丘以三昧心清净无秽，柔软调伏，住不动处，乃至得三明，除去无明，生于慧明，灭于暗冥，生大法光，出漏尽智⑪。所以者何？斯由精勤，专念不忘，乐独闲居之所得也。婆罗门！是为智慧具足。"

注释

①**种德**：人名。属婆罗门种姓，后归信佛、法、僧，成为优婆塞。

②**应供**：佛十号之一。梵文 Arhat 的意译。又作应真、应。指断尽一切烦恼，智德圆满，应受人、天供养、尊敬者。亦即应受一切人、天以种种香、花、璎珞、幢幡、伎乐等供养者。

③**正遍知**：佛十号之一。梵文 Samyak-sambudha 的意译，音译为三藐三佛陀等。指佛正确而完整地知解一切万法。

④**明行成**：佛十号之一。又作明行足、明行圆满、明行。依北本《大般涅槃经》卷十八之说，明，即阿耨多罗三藐三菩提；行足，即戒、定、慧等；佛依戒、定、慧而得阿耨多罗三藐三菩提，故称明行足。又据《大智度论》卷二载，明，即宿命、天眼、漏尽等三明；行，即身、口二业；佛具足成就明二业，故称明行足。

⑤**善逝**：又为好去好去。佛十号之一。意指佛以其亲证自悟的一切佛慧，示八正道而入涅槃，故名善逝。

⑥**世间解**：佛十号之一。指佛通解世间有情众生、无情事物的一切事相。

⑦**无上士**：佛十号之一。梵文 Anuttara 的意译，其音译作阿耨多罗。佛教认为，诸法中涅槃无上，众生中则佛为无上，故称无上士。

⑧**调御丈夫**：佛十号之一。指佛因时利导，引人向善。

⑨**天人师**：佛十号之一。指佛为人道及天道的精神导师，教示众生善恶的标准，故名天人师。

⑩**毗尼**：梵文 Vinaya 的音译，亦作毗奈耶，意即佛教三藏中的律藏，佛所说的戒律。

⑪**漏尽智**：佛教名词。佛教认为，凡人的眼、耳、鼻、舌、身、意六根门都漏泄出种种烦恼，故称烦恼为漏。通过佛教修持，以佛慧断尽烦恼，称为漏尽。漏尽智是断尽一切烦恼的阿罗汉的智慧。

译文

种德对佛说："如果能够持守具足戒，智慧通达无余，则所言至诚不虚，没有虚妄，可以称为婆罗门。"

佛说："很好！很好！种德！如果持守具足戒与智慧通达之间，只能选择其一，那么所言诚实，没有虚妄，还可以称为婆罗门吗？"

种德回答说："不可以。为什么呢？戒即是智慧，而智慧即是戒。有戒且有智慧，然后才能所言诚实，没有虚妄，我才称名为婆罗门。"

佛说："很好！很好！正如你所说的，有戒则有智慧，有智慧则有戒律；戒能净化智慧，智慧能净化戒律。种德！这就如人洗手，左右同洗，左手能洗净右手，右手能洗净左手。戒律与智慧的关系亦是如此。有智慧则有戒律，有戒律则有智慧；戒律能够净化智慧，智慧能够净化戒律。种德婆罗门！戒律与智慧同时具足，戒律与智慧当下双修，我称之为比丘。"

当时，种德婆罗门问佛说："那么，什么是戒呢？"

当时，世尊告诉种德婆罗门说："如来出现于世间，十号具足，谓应供、正遍知、明行成、善逝、世间解、无上士、调御丈夫、天人师、佛、世尊。如来在诸天、世人、沙门、婆罗门中，能自身亲证，并为他人广大说法。为他人说法时，上、中、下言，全都真确无误，语义与旨趣同时具足，梵行清净无秽。如果长者及长者之子闻见如来说法，生发信仰之心，清净无秽；生发清净无秽的信仰佛法之心后，又作如下观想：在家的生活实在困难，犹如桎梏，即使想修习梵行，亦不能自由自在。如今，我宁可剃除须发，服三法衣，出家修道。他们之后便舍弃家产及亲族，服三法衣，离弃种种饰好，讽诵佛戒毗尼，具足佛法、戒律，远离杀戮，决不杀生，乃至心法四禅修行，当世获致生命的喜乐。为什么呢？这就是由于精勤修习，持守不忘，乐独闲居所获得的果报。种德婆罗门！这就是我主张具足的戒律。"

种德婆罗门又问："什么是智慧呢？"

佛说："如果比丘以禅定三昧境界之心，达到清净无秽的境界，就能言语柔软，调伏一切身心烦恼，安住不动心神的境界，乃至获致三明境界，实现宿命明、天眼明和漏尽明的智慧，根除无明烦恼，生发智慧的大光明，根灭愚钝冥暗，生佛法的大光明，成就断尽一切烦恼的阿罗汉智慧。为什么呢？这都是由精勤修行，持守不忘，乐独闲居所获致的。种德婆罗门！这就是我主张的智慧具足。"

19 坚固经

原典

时，坚固长者子白佛言："善哉！世尊！唯愿今者敕诸比丘，若有婆罗门、长者子、居士来，当为现神足①，显上人法②。"

佛告坚固："我终不教诸比丘为婆罗门、长者、居士而现神足、上人法也。我但教弟子于空闲处静默思道。若有功德，当自覆藏；若有过失，当自发露。"

时，坚固长者子白佛言："我于上人法无有疑也。但此那难陀城③，国土丰乐，人民炽盛，若于中现神足者，多所饶益，佛及大众，善弘道化。"

佛复告坚固："我终不教比丘为婆罗门、长者子、居士而现神足、上人法也。我但教弟子于空闲处静默思道。若有功德，当自覆藏；若有过失，当自发露。所以者何？有三神足④。云何为三？一曰神足，二曰观察他心，三曰教诫。"

注释

①**神足**：佛教名词。即五神通中的神足通。神足通，亦称神境智证通、身如意通、身通等，指变现不可思议境界的神通法力，能游涉往来自在的神通能力。

②**上人法**：上人，意指上德之人，唐朝多称僧人为上人。佛教认为，内有德智，外有胜行，在人之上，故名上人。上人法，特指佛法为殊胜之法。

③**那难陀城**：地名。

④**三神足**：佛教名词。亦称三种神变。三种神变，通常指：一说法神变，如来智慧尽知众生的善恶业因及善恶果报，相应而说法，故称说法神变，相当于观察他心神足；二为教诫神变，指如来教示弟子应做法与不应做法、声闻乘法与缘觉乘法、杂染法与清净法，是为教诫神变；三是神通神变，指如来为调伏憍慢的众生而现种种神通法力，即神足神通。

译文

那时，坚固长者子告诉佛说："太伟大了！世尊！我唯愿现在您能敕令众比丘们，如果有婆罗门、长者之子、居士前来，应当为他显现神足通，显现佛法殊胜的能力。"

佛告诉坚固说："我绝不会让比丘们为婆罗门、长者、居士而显现神足通，显现佛法的殊胜能力的。我只教示佛门弟子在空旷闲静处，静默思道，独居修道。如果获致什么功德，就应该善加养藏；如果有什么过失，则应该加以公开。"

那时，坚固长者子对佛说："我对佛教殊胜法力并没有什么怀疑。不过，这个那难陀城，国土丰沃，人民生活富裕，人口密布，如果能够在此城中显现佛教的神足通，则对佛法与大众都大有裨益，能更有利于佛法的弘化。"

佛又告诉坚固说："我绝不会教示比丘为婆罗门、长者之子、居士而显现神足通和上人法。我只教示佛门弟子在空旷闲静处，静思佛道，静修佛行。如果有功德，则善加护持；如果有过失，则当自动公开。为何要这么做呢？因为有三种神足通。哪三种神足通呢？一是神足通，二是观察他人之心的神通，三是教诫神通。"

20　裸形梵志经

裸形梵志^①经

裸形迦叶白佛言："我闻沙门瞿昙呵责一切诸祭祀法，骂诸苦行人以为弊秽。瞿昙！若有言：'沙门瞿昙呵责一切诸祭祀法，骂苦行人以为弊秽。'作此言者，是为法语，法法成就不？诽谤沙门瞿昙耶？"

佛言："迦叶！彼若言：'沙门瞿昙呵责一切诸祭祀法，骂苦行人以为弊秽者。'彼非法言，非法法成就，为诽谤我，非诚实言。所以者何？迦叶！我见彼等苦行人，有身坏命终堕地狱中者；又见苦行人，身坏命终生天善处者；或见苦行人乐为苦行，身坏命终生地狱中者；或见苦行人乐为苦行，身坏命终生天善处者。迦叶！我于此二趣所受报处，尽知尽见，我宁可呵责诸苦行者以为弊秽耶？我正说是，彼则言非；我正说非，彼则言是。

"迦叶！有法，沙门、婆罗门同；有法，沙门、婆罗门不同。迦叶！彼不同者，我则舍置，以此法不与沙门、婆罗门同故。迦叶！彼有智者作如是观：沙门瞿昙于不善法、重浊、黑冥、非贤圣法，彼异众师于不善法、重浊、黑冥、非贤圣法，谁能堪任灭此法者？迦叶！彼有智者作如是观时，如是知见：唯沙门瞿昙能灭是法。迦叶！彼有智者作如是观，如是推求，如是论时，我于此中则有名称。"

注释

①**裸形梵志**：修习裸形外道的婆罗门。裸形外道，古代印度二十种外道之一，为极端苦行者。他们标榜远离一切系缚，以裸形为唯一正行。佛教拒斥裸形修行，如《华严经》卷二十五说："愿一切众生，得惭愧衣以覆其身，舍离邪道露形恶法。"

译文

裸形外道迦叶对佛说："我听说沙门瞿昙呵责一切

婆罗门的祭祀活动，指责一切修苦行的人，认为祭祀和苦行都是有弊而污秽的行为。瞿昙！如果有人说：'沙门瞿昙呵责一切婆罗门的祭祀活动，指责一切修苦行的人，认为这些都属于有弊而污秽的行为。'这些言论都是实语，都是确有其事吗？还是对沙门瞿昙的污蔑诽谤？"

佛说："迦叶！他们如果说：'沙门瞿昙呵责婆罗门的一切祭祀活动，谴责修苦行者，认为这些都属于弊秽的行为。'他们所说并非真实，并非确切，而是诽谤如来的不诚实言论。为什么这样说？迦叶！我发现那些修苦行者，有的人身坏命终而堕入地狱之中；又发现有的修苦行者身坏命终则生天善之处；我或者看到修苦行者乐修苦行，身坏命终却生地狱中；我或者看到修苦行者乐修苦行，身坏命终却生天善之处。迦叶！我对于地狱、天道二种受报之处，都尽知尽见，难道我还呵责修苦行者都是弊秽的吗？如果我认为是弊秽的，他们则认为是洁净的；如果我认为是洁净的，他们则又认为我是错误的。

"迦叶！有的观念，沙门与婆罗门是大致相同的；但有些观念，沙门与婆罗门并不一致。迦叶！对于那些不一致的观念，我就加以抛弃，因为这些观念，沙门与婆罗门并不相同。迦叶！那些智者曾经这样认为：沙门瞿昙对于不善之法、重浊、黑冥、非贤圣之法，其他沙门异师对于不善法、重浊、黑冥、非为贤圣之法，又谁能堪任灭除那不善之法呢？迦叶！那些具有智慧的人作如是思考时，就产生了如是知见：唯有沙门瞿昙能灭除不善之法。迦叶！那些具有智慧的人作如是观想，如是推究，如是议论时，我的名声亦随之远布。"

21　沙门果经

原典

王^①白佛言："我曾诣沙门、婆罗门所，问如是义。我念一时至不兰迦叶^②所，问言：'如人乘象、马车，习于兵法，乃至种种营生，现有果报。今此众现在修道，现得果报不？'彼不兰迦叶报我言：'王若自作，若教人作，斫伐残害，煮炙切割，恼乱众生，愁忧啼哭；杀生、偷盗、淫逸、妄语，逾墙劫夺，放火焚烧，断道为恶。大王！行如此事，非为恶也。大王！若以利剑脔割^③一切众生，以为肉聚，弥满世间，此非为恶，亦无罪报。于恒水南岸脔割众生，亦无有恶报；于恒水北岸为大施会，施一切众，利人等利，亦无福报。'"

王白佛言："犹如有人问瓜报李，问李报瓜，彼亦如是。我问现得报不，而彼答彼无罪福报。我即自念言：我是刹利王，水浇头种，无缘杀出家人系缚驱遣。时，我怀忿结心，作此念已，即便舍去。"

又白佛言："我于一时至末伽梨拘舍梨④所，问言："如今人乘象、马车，习于兵法，乃至种种营生，皆现有果报。今者此众现在修道，现得报不？'彼报我言："大王！无施，无与，无祭祀法；亦无善恶无善恶报；无有今世，亦无后世；无父，无母；无天无地，无众生；世无沙门、婆罗门平等行者；亦无今世后世自身作证，布现他人。诸言有者，皆是虚妄。'世尊！犹如有人问瓜报李，问李报瓜，彼亦如是。我问现得报不，彼乃以无义答。我即自念言：我是刹利王，水浇头种，无缘杀出家人系缚驱遣。时，我怀忿结心，作此念已，即便舍去。"

又白佛言："我于一时至阿夷陀翅舍钦婆罗⑤所，问言："大德⑥！如人乘象、马车，习于兵法，乃至种种营生，皆现有果报。今者此众现在修道，现得报不？'彼报我言："受四大人取命终者，地大还归地，水还归水，火还归火，风还归风。皆悉败坏，诸根归空。若人死时，床舆举身置于冢间，火烧其骨如鸽色，或变为灰土。若愚若智，取命终者，皆悉败坏，为断灭法。'世尊！犹如有人问李瓜报，问瓜李报，彼亦如是。我问现得报不，而彼答我以断灭。我即念言：我是刹利王，水浇头种，无缘杀出家人系缚驱遣。时，我怀忿结心，作此念已，即便舍去。"

注释

①王：指阿阇世王，为释迦牟尼佛时代摩揭陀国王舍城的统治者。据《观无量寿经》载，阿阇世王曾勾结恶友提婆达多，幽囚父母。阿阇世王即位后，并吞周围小国，奠立统建印度大业的基础。后因害父之罪，阿阇世王遍体生疮，他向佛忏悔后即痊愈。因此，阿阇世王皈依佛门。佛灭后，五百罗汉结集佛说，阿阇世王为之护法，促使印度佛教的兴盛。

②不兰迦叶：人名。亦作富兰那迦叶，其梵语为Purana Kassapa，古代印度沙门思潮中的六师之一。其学说在汉译佛经中被称为"无因无缘论"，认为世界上一切事物的产生和发展都是偶然的。

③脔割：脔，切成小块的肉。脔割，意为分割、切碎。

④末伽梨拘舍梨：人名。印度古代六师外道之一。亦作末伽黎拘舍罗，其梵语作Makkhali Gosala。其思想曾深受耆那教始祖大雄的影响。汉译佛经称之为

"邪命外道"。因此，末伽梨被认为是"邪命外道"的创始人。

⑤**阿夷陀翅舍钦婆罗**：人名。印度古代六师外道之一。亦作阿耆多翅舍钦婆罗，其梵语为 Ajita Kesakambala。他被认为是古代印度"顺世论"学派的先驱者。其思想反对善恶果报与轮回理论，拒斥婆罗门教的祭祀法与苦行，认为人身由四大构成，并无灵魂存在。

⑥**大德**：佛教名词。梵语为 Bhadanta，原为佛陀的称颂之名；在佛教律法中，则为比丘之名。唐代有"临坛大德"之称。现已衍化为对修道高僧、居士的尊称。

译文

阿阇世王告诉佛说："我曾经到过沙门、婆罗门的住处，询问一些义理问题。我记得，有一次来到不兰迦叶的住处，问他：'要是人乘象车、马车，练习兵法，乃至从事其他种种工作，都能够现在就有果报。然而，如今这些出家者，现在修道，现在就能获得果报吗？'不兰迦叶回答我说：'大王如果亲自去做，或者如果大王教别人去做，或讨伐邻国，或残害众生，杀戮众生，恼乱众生，使众生愁忧啼哭；杀生、偷盗、淫逸、妄语，乃至打家劫舍、杀人放火、拦路掠财。大王！即使做这些事情，亦不是什么罪恶。大王！如果以利剑脔割一切众生，作为肉聚，弥满整个世界，即使这样，亦不是什么罪恶，亦没有什么罪报。在恒河南岸脔割、切碎众生的肉，亦没有恶报；即使在恒河北岸举行大布施的法会，布施一切众生，平等利益，这亦没有什么福报。'"

阿阇世王告诉佛说："就好像是有人问瓜是什么，却回答他说李是什么；有人问李是什么，却回答他说瓜是什么；不兰迦叶亦是如此。我问他现在就得果报吗，然而他却回答说：他们并没有罪报和福报。我于是而自思：我是刹帝利种姓的国王，为水浇头种，无缘解除出家之人的烦恼系缚。那时，我怀着忿结之心，产生上述思想，然后就离开不兰迦叶的住处。"

阿阇世王又告诉佛说："我又曾经到过末伽梨拘舍梨的住处，问道：'如果现在人乘象车、马车，操习兵法，乃至从事种种营生活动，都能够现在就获得果报。如今这些出家者现在修道，现在就能够获得果报吗？'他回答我说：'大王！既没有布施，亦没有舍与，亦没有祭祀之法；既不存在善或者恶，亦不存在善报或者恶报；既不存在今世，亦不存在后世；既没有父亲，亦没有母亲；既不存在天，亦不存在地，不存在众生；世间并不存在与沙门、婆罗门的平等无二的修行者；亦不存在今世、后世亲自做证，布化他人的圣人。任何认为存在着存在者的思想，都是虚妄不实的。'世尊！犹如有人问瓜是什么而答之以李是什么，问李是什么而答之以瓜是什么，末伽梨拘舍梨的回答亦是如此。我问他现在修道者现在得果报吗，他却以不存在存在者的虚无来回答我。我当时就自想：我出身刹帝利种姓，是水浇头种姓，无缘清除出家人的系缚烦恼。于是我怀着忿结之心，心想此念后，即便离开末伽梨的住处。"

阿阇世王又告诉佛说："我曾在某时来到阿夷陀翅舍钦婆罗的住处，问道：'大德！如果有人乘象车、马车，操习兵法，乃至从事其他行业活动，都能够现得果报。如今这些修道者现世就能获果报吗？'他回答我说：'人都由地、水、火、风四大和合而成，当人命终之时，地大则还归于地，水大则还归于水，火大则还归于火，风大则还归于风。地、水、火、风四大皆悉败坏，人身的眼、耳、鼻、舌、身、意诸根都最终还归空无，一无所有。当人死之时，床车载死尸来到墓冢之间，火焚身体，骨呈灰白色，有的变成为灰土。不论是愚痴者，还是智者，他们身坏命终之时，生命消殒，一切都成为非存在，这就是断灭之法。'世尊！犹如有人问李是什么却答之以瓜，有人问瓜是什么却答之以李，阿夷陀翅舍钦婆罗的回答亦是如此。我问他修道者是否现得果报，他却回答说一切都将成为非存在，一切都是断灭之法。我听后就心想：我是刹帝利种姓的国王，属水浇头种姓，无缘清除出家人的系缚烦恼。于是我就怀忿结之心，心想此念后，随即离开阿夷陀翅舍钦婆罗的住处。"

原典

又白佛言："我昔一时至波浮陀伽旃延①所，问言：'大德！如人乘象、马车，习于兵法，乃至种种营生，皆现有果报。今者此众现在修道，现得报不？'彼答我言：'大王！无力无精进，人无力无方便。无因无缘众生染着，无因无缘众生清净。一切众生有命之类，皆悉无力，不得自在；无有冤仇，定在数中；于此六道中受诸苦乐。'犹如问李瓜报，问瓜李报，彼亦如是。我问现得报不，彼以无力答我。我即自念言：我是刹利王，水浇头种，无缘杀出家人系缚驱遣。时，我怀忿结心，作此念已，即便舍去。"

又白佛言："我昔一时至散若毗罗梨子②所，问言：'大德！如人乘象、马车，习于兵法，乃至种种营生，皆现有果报。今者此众现在修道，现得报不？’彼答我言：‘大王！现有沙门果报，问如是，答此事如是：此事实，此事异，此事非异非不异。大王！现无沙门果报，问如是，答此事如是：此事实，此事异，此事非异非不异。大王！现有无沙门果报，问如是，答此事如是：此事实，此事异，此事非异非不异。大王！现非有非无沙门果报，问如是，答此事如是：此事实，此事异，此事非异非不异。’世尊！犹如人问李瓜报，问瓜李报，彼亦如是。我问现得报不，而彼异论答我。我即自念言：我是刹利王，水浇头种，无缘杀出家人系缚驱遣。时，我怀忿结心，作是念已，即便舍去。”

　　又白佛言：“我昔一时至尼乾子③所，问言：‘大德！犹如人乘象、马车，乃至种种营生，现有果报。今者此众现在修道，现得报不？’彼报我言：‘大王！我是一切智，一切见，人尽知无余。若行，若住、坐、卧，觉悟无余，智常现在前。’世尊！犹如人问李瓜报，问瓜李报，彼亦如是。我问现得报不，而彼答我以一切智。我即自念言：我是刹利王，水浇头种，无缘杀出家人系缚驱遣。时，我怀忿结心，作此念已，即便舍去。是故，世尊！今我来此问如是义，如人乘象、马车，习于兵法，乃至种种营生，皆现有果报。今者沙门现在修道，现得报不？”

佛告阿阇世王曰："复次，大王！如来、至真、等正觉出现于世，入我法者，乃至三明④，灭诸暗冥，生大智明，所谓漏尽智证。所以者何？斯由精勤专念不忘，乐独闲静不放逸故。云何，大王！此非沙门得现在果报耶？"

王报言："如是，世尊！实是沙门现在果报。"

注释

①**波浮陀伽旃延**：人名。古代印度六师外道之一。亦作婆浮陀伽旃那，其梵文写作 Pakudha Kaccāyana。其思想强烈否认因果报应，众生苦乐皆由命运所决定，不可改变。其世界构成论认为，世界和生命有七种要素：地、水、火、风及乐、苦、命，其七要素说对印度胜论学派的形成有很大影响。

②**散若毗罗梨子**：人名。古代印度六师外道之一。亦作删阇耶毗罗尼子，其梵文作 Sanjaya Vairatiputrah。他是毗罗梨部族的思想家，宣传一种怀疑论和不可知论的思想，认为世上一切存在及其真理都不可断言。

③**尼乾子**：人名。古代印度六师外道之一。亦称尼乾陀若提子，其梵文作 Nigantha Nātaputta，本名筏驮摩那（Vardhamana），印度耆那教的创始人，被称为

"大雄"。尼乾陀生活时代大致与释迦牟尼佛相同。其宗教思想主要是宿命论和业报轮回说。

④**三明**：佛教名词。指通过修持所能达到的三种智慧境界。三明包括：（一）宿命明，通晓自身、他身宿世的生死本相之智慧；（二）天眼明，通晓自身、他身未来世的生死本相之智慧；（三）漏尽明，通晓现在世的一切烦恼本相，能修断一切烦恼的佛教智慧。三明，亦称为宿住智证明、死生智证明、漏尽智证明；亦即佛教六神通中的宿命通、天眼通、漏尽通三通。

译文

阿阇世王又告诉佛说："我在以前曾有一次来到波浮陀伽旃延的住所，问他说：'大德！如果有人乘坐象车、马车，操习兵法，乃至从事其他种种营生活动，都能够获得现在果报。如今这些修道者，亦同样能够现世就可获果报吗？'波浮陀伽旃延回答我说：'大王！人的一切努力、一切精进行为，最终都是清梦一场；人的一切努力、一切活动，最终都不过是落归虚无的命运。众生的一切染污杂着，都既没有内因亦没有外缘；众生的一切清净活动，亦都既无内因亦无外缘。众生的任何行为，并不存在人为的冤仇，而是具有宿命的定数。众生沉溺在眼、耳、鼻、舌、身、意中感受一切苦与乐。'

犹如人问李是什么却答之以瓜，问瓜是什么却答之以李，波浮陀伽旃延亦是如此回答我。我问他修道者现世就能够获得果报吗，他却以人的一切努力终归虚无来回答我。我当时心想：我是刹帝利国王，水浇头种姓，无缘清除出家人的系缚烦恼。于是我怀着忿结之心，心想此念后，随即离开波浮陀伽旃延的住处。"

阿阇世王又告诉佛说："我曾在过去时来到散若毗罗梨子的住所，问他说：'大德！如果人乘坐象车、马车，如果人操习兵法，乃至从事种种营生活动，都是现世就能够获得果报。如今这些出家修道者，现在亦同样能够获得果报吗？'他回答我说：'大王！现在有这些沙门的修行果报，如此提问，我的回答是：现在沙门修行的现世果报，此事真确无虚，此事异，此事非异亦非不异。大王！现在并无沙门的修行果报，如此提问，我对此的答复是：此事真确无虚，此事异，此事非异亦非不异。大王！现在有无沙门果报，如此提问，我对此的答复是：此事真确无虚，此事异，此事非异亦非不异。大王！现在非有非无沙门果报，如此提问，我的答复是：此事确实无虚，此事异，此事非异亦非不异。'世尊！犹如有人问李是什么却答之以瓜，有人问瓜是什么却答之以李，散若毗罗梨子对我的回答亦是如此。我问他沙门修行现在能得果报吗，而他却回答我的是相反的论调。我当时心想：我是刹帝利国王，属水浇头种姓，无缘清除出家沙门的系缚烦恼。于是我怀着忿结之心，心想此念后，即便离开散若毗罗梨子的住处。"

阿阇世王又对佛说："我曾在过去时来到尼乾子的住所，问他说：'大德！犹如有乘坐象车、马车，乃至从事种种营生活动，都是现世就能获得果报。如今这些沙门出家修道，亦同样在现世就获得果报吗？'他回答我说：'大王！我具有一切智慧，我具有一切知见，了解我的人，就能够把握世间的一切智慧与知见。若行若住，若坐若卧，在一切行、住、坐、卧的日常行为之中，达到充分而圆满的生命觉悟；在一切行、住、坐、卧的日常行为之中，生命智慧常现在日常事件里。'世尊！犹如有人问李是什么却答之以瓜，问瓜是什么却答之以李，尼乾子的回答亦是如此。我问他沙门修行现世能得果报吗，他却回答我说一切智慧无不具足。我当时即自想：我是刹帝利国王，属水浇头种姓，无缘清除出家修行者的系缚烦恼。于是我怀着忿结之心，心想此念后，随即离开尼乾子的住所。因此，世尊！今天我来到你这里，问这些义理：如果人乘坐象车、马车，如果有人操习兵法，乃至从事种种营生，都现世就有果报。如今沙门出家修道，现世就能获得果报吗？"

佛告诉阿阇世王说："大王！如来、至真、等正觉出现于世，证入佛法者，直至证入三明境界，实现宿命明、天眼明、漏尽明，灭除一切冥暗愚痴，生广大智慧，获致漏尽智慧。为什么呢？这都是由沙门精勤不懈，持守佛法，从不忘怀，乐独闲静，决不放逸。大王！这难道不是沙门出家清修所获得的现世果报吗？"

　　阿阇世王回答说："确实如此，世尊！这确实是出家沙门所获得的现世果报。"

22　布吒婆楼经

原典

　　梵志①白佛言："世尊！昨日多有梵志、沙门、婆罗门集此婆罗门堂，说如是事，相违逆论。瞿昙！或有梵志作是说言：'人无因无缘而想生，无因无缘而想灭；想有去来，来则想生，去则想灭。'

　　"瞿昙！或有梵志作是说：'由命有想生，由命有想灭；彼想有去来，来则想生，去则想灭。'

　　"瞿昙！或有梵志作是说：'如先所言，无有是处，有大鬼神，有大威力，彼持想去，彼持想来；彼持想去则想灭，彼持想来则想生。'

　　"我因是故生念：念沙门瞿昙必知此义，必能善知想知灭定。"

尔时，世尊告梵志曰："彼诸论者皆有过咎：言无因无缘而有想生，无因无缘而有想灭；想有去来，来则想生，去则想灭。或言因命想生，因命想灭；想有去来，来则想生，去则想灭。或有言，无有是处。有大鬼神，彼持想来，彼持想去；持来则想生，持去则想灭。如此言者，皆有过咎。所以者何？梵志！有因缘而想生，有因缘而想灭。

　　"若如来出现于世，至真、等正觉，十号具足，有人于佛法中出家为道，乃至灭五盖②覆蔽心者，除去欲、恶不善法，有觉有观，离生喜乐③，入初禅。先灭欲想，生喜乐想。梵志！以此故知，有因缘想生，有因缘想灭。灭有觉观，内喜一心，无觉无观，定生喜乐④，入第二禅。梵志！彼初禅想灭，二禅想生。以是故知，有因缘想灭，有因缘想生。

　　"舍喜修护，专念一心，自知身乐，贤圣所求，护念清净，入三禅。梵志！彼二禅想灭，三禅想生。以是故知，有因缘想灭，有因缘想生。

　　"舍苦舍乐，先灭忧喜，护念清净，入第四禅。梵志！彼三禅想灭，四禅想生。以是故知，有因缘想灭，有因缘想生。舍一切色想，灭恚不念异想，入空处⑤。梵志！一切色想灭，空处想生。以是故知，有因缘想灭，有因缘想生。越一切空处，入识处⑥。梵志！彼空处想灭，识处想生。故知有因缘想灭，有因缘想生。越一切识处，入不用处⑦。梵志！彼识处想灭，不用处想生。以是故知，有因缘想灭，有因缘想生。

"舍不用处，入有想无想处⑧。梵志！彼不用处想灭，有想无想处生。以是故知，有因缘想灭，有因缘想生。彼舍有想无想处，入想知灭定。梵志！彼有想无想处想灭，入想知灭定。以是故知，有因缘想生，有因缘想灭。彼得此想已，作是念：有念为恶，无念为善。彼作是念时，彼微妙想不灭，更粗想生。彼复念言：我今宁可不为念行，不起思维。彼不为念行，不起思维已，微妙想灭，粗想不生。彼不为念行，不起思维，微妙想灭，粗想不生时，即入想知灭定。

"云何，梵志！汝从本已来，颇曾闻此次第灭想因缘不？"

梵志白佛言："从本已来，信自不闻如是次第灭想因缘。"又白佛言："我今生念：谓此有想，此无想，或复有想。此想已，彼作是念：有念为恶，无念为善。彼作是念时，微妙想不灭，粗想更生。彼复念言：我今宁可不为念行，不起思维。彼不为念行，不起思维已，微妙想灭，粗想不生。彼不为念行，不起思维，微妙想灭，粗想不生时，即入想知灭定。"

佛告梵志言："善哉！善哉！此是贤圣法中次第想

灭想定。"

梵志复白佛言："此诸想中何者为无上想？"

佛告梵志："不用处想为无上。"

梵志又白佛言："诸想中何者为第一无上想？"

佛言："诸想、诸言无想，于其中间能次第得想知灭定者，是为第一无上想。"

梵志又问："为一想，为多想？"

佛言："有一想，无多想。"

梵志又问："先有想生，然后智？先有智生，然后想？为想、智一时俱生耶？"

佛言："先有想生，然后智。由想有智。"

梵志又问："想即是我耶？"

佛告梵志："汝说何等人是我？"

梵志白佛言："我不说人是我。我自说色身⑨、四大、六入⑩，父母生育，乳餔长成，衣服庄严，无常磨灭法，我说此人是我。"

佛告梵志："汝言：'色身、四大、六入，父母生育，乳餔长成，衣服庄严，无常磨灭法，说此人是我。'梵志！且置此我，但人想生、人想灭。"

梵志言："我不说人是我，我说欲界天⑪是我。"

佛言："且置欲界天是我，但人想生，人想灭。"

梵志言："我不说人是我，我自说色界天⑫是我。"

佛言："且置色界天是我，但人想生，人想灭。"

梵志言："我不说人是我，我自说空处、识处、不用处、有想无想处、无色天^⑬是我。"

佛言："且置空处、识处、无所有处、有想无想处、无色天是我，但人想生，人想灭。"

注释

①**梵志**：指在家修行的婆罗门，此指布吒婆楼梵志。

②**五盖**：佛教名词。盖即覆盖之义。五盖指能覆盖至善心性的五种不良行为。五盖包括：（一）贪欲盖，执着五欲而覆盖心性；（二）嗔恚盖，由逆境而怀忿恚以盖心性；（三）睡眠盖，心昏身重而盖心性；（四）掉悔盖，心神躁动、忧恼悔恨，而覆盖心性；（五）疑法盖，面对真法而犹疑不决，覆盖心性。

③**离生喜乐**：佛教名词。指离弃欲界之恶而生发喜悦、欢乐二种感受。离生喜乐地，是佛教修行的三界九地之一，属色界初禅天。

④**定生喜乐**：佛教名词。亦作定性喜乐。指由禅定而生发的心识上的喜乐感受。此是佛教三界九地之一，属色界第二禅天。

⑤**空处**：佛教名词。指无色界。无色界因其没有形色，故名空处。空处亦称空无边处，略称虚空处。佛教认为，由修行虚空无边的禅定，可生发空无色天处。

⑥**识处**：佛教名词。亦称识无边处，是佛教四空处之一，由修心识无边的禅定而获致的境界。

⑦**不用处**：佛教名词。多作无所有处，亦为佛教四空处之一，由修观所缘皆无所有，思维无所有之相的禅定而获致的境界。

⑧**有想无想处**：佛教名词。亦作非想非非想处，佛教四空处之一，由舍识处定和无所有处定而获致的禅定境界。

⑨**色身**：佛教名词。指由地、水、火、风四大和合而成的人身存在。

⑩**六入**：佛教名词。亦称六处，指眼、耳、鼻、舌、身、意六根。与色、声、香、味、触、法六境，合称十二入或十二处。

⑪**欲界天**：佛教名词。三界之一。为有情欲众生所生的世界。佛教认为，欲界天包括六欲天、人界四大洲和八大地狱。

⑫**色界天**：佛教名词。三界之一。为有情众生脱离淫欲、食欲之后的住所。佛教认为，色界天由禅定的浅、深、粗、妙而分别为四禅天。

⑬**无色天**：佛教名词。三界之一。佛教认为，无色界没有色相事物的存在，而唯有心识住于深妙的禅定境界。无色界是众生果报殊胜的住所，在色界天之上，包括四空处：空无边处、识无边处、无所有处、非想非非想处。

译文

梵志告诉佛说："世尊！昨日有许多梵志、沙门、婆罗门聚集在这个婆罗门堂，谈论人的意识问题，提出了许多互相对立的观点。瞿昙！有的梵志这样认为：'人的意识的产生，既没有因亦没有缘；人的意识的消灭，亦同样无因无缘。人的意识活动，存在着一个到来和离去的过程。到来时，人的意识就产生了；离去时，人的意识就消失了。'

"瞿昙！又有的梵志这样说：'由于人的灵魂的存在，才有人的意识的存在；如果人的生命不存在了，那么人的意识亦不存在。人的意识活动有一个去来过程：随着人的生命的出现，而产生人的意识活动；随着人的生命的消失，人的意识活动亦将消失。'

"瞿昙！有的梵志如此认为：'前面两种说法，一无是处，有大鬼神，拥有无边法力，它把持并主宰着人的意识活动。大鬼神把持着人的意识的到来和离去：大鬼神带来人的意识活动，大鬼神带走人的意识活动，由此决定着人的意识的产生和消失。'

"我因此心想：沙门瞿昙必知人的意识的产生和消失，必能通解意识活动，深达消除意识活动的禅定境界。"

那时，世尊对梵志说："那些梵志的议论都有不妥之处，都有错误：有的认为人的意识的产生是无因无缘的，人的意识的消失亦是无因无缘的；人的意识有到来和离去的过程，来时则有人的意识的产生，去时则使人的意识消失。有的认为人的意识的产生是由于人的生命的存在，人的意识的消失是因为人的生命的不存在。生命存在，则意识存在；生命消失，则意识消失。有的说前面两种说法都不对。人的意识是由大鬼神带来的，人的意识亦是由大鬼神带走的；大鬼神带来意识则人的意识才产生，大鬼神带走意识则人的意识才消失。这些观点都有错误。为什么呢？梵志！人的意识的产生是有因有缘的，而意识的消失亦是有因有缘的。

"如若如来出现于世，至真、等正觉，十号具足，有人信从佛法，出家修道，以致于修灭贪欲、嗔恚、睡眠、掉悔、疑法等五种覆盖心性的不善行为，除去欲念的不善，修断行为的不善，有粗略思考亦有细心思维，远离欲界而生发喜乐之心，证入初禅境界。最先的欲念的意识被清除了，生命的喜悦和欣乐之情被开发。梵志！以此可知，人的意识的产生是有因有缘的，人的意识的消失亦是有因有缘的。灭有觉有观，内喜一心，进入既无觉亦无观的状态，由禅定生发生命的喜与乐，证入色界第二禅天。梵志！他们对于初禅天的意识被清除了，而第二禅天的意识却生发了。由此可知，人的意识的消失是有因有缘的，人的意识的生发亦是有因有缘的。

"进一步舍弃生命的喜悦感受，专注于人的唯一心识，自知生身的欣乐，贤圣所求，护念清净，证入第三禅的境界。梵志！他们对于第二禅天的意识被清除了，却生发出第三禅天的意识。由此可知，意识的产生既有因亦有缘，意识的消失既有因亦有缘。

"进一步舍弃苦，舍弃乐，先清除忧、喜二种身心感受，护念清净，证入第四禅天的境界。梵志！他们第三禅天的意识清除了，却生发了第四禅天的意识。由此可知，人的意识的消失是有因有缘的，而人的意识的产生亦是有因有缘的。舍弃一切有关色相的意识，清除嗔恚的欲念，不念异想，证入空无边处的境界。梵志！清除了对于一切色相的意识，产生了空无边处的意识。由此可知，意识的消失是有因有缘的，意识的产生亦是有因有缘的。越过一切空无边处的境界，证入识无边处的境界。梵志！他们对于空无边处的意识消失了，却产生了识无边处的意识。因此可知，意识的消失是有因有缘的，意识的产生亦是有因有缘的。越过一切识无边处的境界，证入无所有处的境界。梵志！他们对于识无边处的意识消失了，却产生了无所有处的意识。由此可知，意识的消失是有因有缘的，意识的产生亦是有因有缘的。

"舍弃无所有处的境界，进入既有思量亦无思量的境界。梵志！他们对于无所有处的意识消失了，却产生了对既有思量亦无思量的境界的意识。由此可知，意识的消失是有因有缘的，而意识的产生亦是有因有缘的。他们舍弃既有思量亦无思量境界的意识，证入一切意识活动、感受活动都被消除的禅定境界。梵志！他们对于既思量又无思量境界的意识消除了，进入一切意识活动、感受活动都被消除的禅定境界。由此可知，意识的产生既有因亦有缘，而意识的消除亦有因有缘。他们获得这种意识后，出现这种意念：有意识为恶，无意识为善。他们出现这种意念时，他们微妙的潜意识并没有消失，而其粗糙的意识依然出现。他们又思量：我宁可不作意念行为，不起思维行为。当他们不起意念，不生思维时，细微的意识消除了，粗糙的表层意识亦不出现。

他们不起意念活动，不起思维活动，细微的意识活动消除了，粗糙的表层意识亦不生发时，他们就进入意识、感受皆被消除的禅定境界。

"梵志！你以前是否曾经听说上述依次消除人的意识活动的过程？"

梵志对佛说："从本以来，我确未曾闻如此依次消除意识的过程。"梵志又对佛说："我现在已有认识，即有时有意识，有时没有意识；并且，有意识是恶，而没有意识是善；此时，细微的意识并没有消失，而粗糙的表层意识仍存在着；当人们意识到不起意念，不作思维时，细微意识消失了，粗糙意识亦不再生发。当人们不生意念，不起思维，细微意识消失，粗糙意识亦不生时，即进入意识活动、感知活动都消除的禅定境界。"

佛告诉梵志说："很好！很好！这就是佛法中依次消除意念活动的意识的禅定功夫。"

梵志又对佛说："这些意识活动，哪一种是无上的意识活动？"

佛对梵志说："一切色相、一切思维皆无所有的意识，才是无上的意识。"

梵志又问佛："诸种意识中，何种意识为第一无上意识？"

佛说："诸种意识、诸种观点中没有意识，于诸意识活动能依次获致其意识、感知被清除的禅定状态，这就是第一无上的意识。”

梵志又问："这是一种意识，还是多种意识？"

佛说："这仅有一种意识，并没有多种意识。"

梵志又问："先有意识产生，然后有智慧？还是先有智慧产生，然后才有意识出现？还是意识、智慧同时出现？"

佛说："先有意识产生，然后才有智慧。由意识而有智慧。"

梵志又问："意识就是我吗？"

佛对梵志说："你说什么人是我？"

梵志对佛说："我并不是说人是我。我的意思是说，色身、四大才是我，眼、耳、鼻、舌、身、意六入和合才是我，父母生育并乳铺长大成人，有种种人伦规范，并有生、老、病、死等无常遭遇，我认为这才是我。"

佛对梵志说："你认为人的色身和合是我，四大和合是我，眼、耳、鼻、舌、身、意六入和合是我；我由父母生育、乳铺长成，着衣吃食，并为无常法所磨灭，说这才是我。梵志！不要执着人之我，人只有意识的产生和意识的消失。"

梵志说："我并不执着人身是我，我认为欲界天是我。"

佛说："你且不要执着欲界天是我，人并没有我的存在，而只不过是人的意识的产生及人的意识的消失。"

梵志说："我不执着欲界天是我，我只认为色界天是我。"

佛说："你且不要执着色界天是我，人并没有什么我存在，而只有意识的产生和意识的消失。"

梵志说："我不是说人是我，我只是认为空无边处、识无边处、无所有处、有想无想处才是我，无色天才是我。"

佛说："你不要执着空无边处、识无边处、无所有处、有想无想处就是我，亦不要执着无色天是我，人并无我的存在，只不过是人的意识的产生，人的意识的消失。"

原典

佛告梵志："汝欲知人想①生、人想灭者，甚难！甚难！所以者何？汝异见、异习、异忍②、异受③，依异法故。"

梵志白佛言："如是。瞿昙！我异见、异习、异忍、异受，依异法故，欲知人想生、人想灭者，甚难！甚难！所以者何？我、世间有常，此实余虚；我、世间无常，此实余虚；我、世间有常无常，此实余虚；我、世间非有常非无常，此实余虚。我、世间有边，此实余虚；我、世间无边，此实余虚；我、世间有边无边，此实余虚；我、世间非有边非无边，此实余虚。是命④是身，此实余虚；命异身异，此实余虚；身命非异非不异，此实余虚；无命无身，此实余虚。如来终，此实余虚；如来不终，此实余虚；如来终不终，此实余虚；如来非终非不终，此实余虚。"

佛告梵志："世间有常，乃至如来非终非不终，我所不记。"

梵志白佛言："瞿昙！何故不记？我、世间有常，乃至如来非终非不终，尽不记耶？"

佛言："此不与义合，不与法合，非梵行⑤，非无欲，非无为，非寂灭，非止息，非正觉⑥，非沙门，非泥洹⑦。是故不记。"

注释

①**想**：佛教名词。为五蕴之一。想蕴，主要指人的理性活动、意识作用。佛教认为，想是人的心性的一种基本功能，于外境事物取种种相，如青黄黑白、冷热大小、男女老幼等相，并由此而形成种种名言概念。

如《俱舍论》卷四中说："想，谓于境取差别相。"又如《成唯识论》卷三说："想，谓于境取像为性，施设种种名言为业；谓要安立境分齐相，方能随起种种名言。"

②**忍**：佛教名词。约有二义，一为忍耐，二为安忍。忍耐逆境而不起嗔恨之心，安住于道而不动心。如《瑜伽师地论》中说：忍就是"自无愤勃，不报他怨"。又如《大乘义章》中说："慧心安法，名之为忍。"忍是佛教的基本修持。

③**受**：佛教名词。为五蕴之一。受蕴，主要指外境作用于人的眼、耳、鼻、舌、身等感官而产生的感受。佛教认为，外境约可分别为顺、违、俱非三种类型，人身之领纳则可分乐、苦、舍三种感受。不过，《俱舍论》把受分为二种：一是身受，包括苦、乐、舍三受；二是心受，指领纳于心而生起忧、喜二受。

④**命**：梵语为 Jivita，指生命的根元。因此亦称命根。小乘佛教认为，人的生命具有非色非心的本体存在，由过去世的业而产生，维持着人生的存在与意念。这种非色非心的生命本体，就是灵魂。而大乘佛教则主张，第八阿赖耶识具有住识功能，因而使人的生命相续，假名为命根，并不是实体性的存在。命与身二种存在之间的基本关系问题，是印度佛教关注的世界观问题的一种表现。

⑤**梵行**：佛教名词。指来世能生梵天的修持行为。梵，清净之义。佛教认为，能修断淫欲之法，即是梵行。因此，梵行就是清净无欲的行法。

⑥**正觉**：佛教名词。其梵语作 Sambodhi，音译为三菩提。正觉，即如来所证悟的真正智慧，是如来证悟一切诸法的真正觉智。因此，成佛亦称曰成正觉。

⑦**泥洹**：佛教名词。又作泥曰、涅槃、涅槃那；意译作灭、寂灭、灭度、无生。原来指吹灭或表吹灭之状态；其后转指燃烧烦恼之火灭尽，完成悟智之境地。

译文

佛曾告诉梵志说："你如果希望了解人的意识活动的产生、人的意识活动的消失，那是十分困难的事情。为什么呢？因为你持有不同的思想见解、不同的传习、不同的修行、不同的感受，因为你所依从的是不同的学说、不同的法门。"

梵志对佛说："的确如此。瞿昙！由于我持与佛法不同的见解、传习、修持、感受及法门，所以，我想了解人的意识的产生、人的意识的消失，那是十分困难的事情。为什么呢？我们婆罗门教一直认为，我、世间存在是永恒的存在，这是确实的真理，而其他学说则都是虚妄；又有的婆罗门认为，我、世间存在并不是永恒存在，这是确实的真理，而其他学说则是虚妄；又有的婆罗门认为，我、世间存在既是永恒存在亦非永恒存在，这是确实的真理，而其他学说则是虚妄；又有的婆罗门认为，我、世间存在既非永恒存在亦非不永恒存在，这是确实的真理，而其他学说则是虚妄。有的婆罗门认为，我、世间存在具有边际，这是确实的真理，而其他学说则是虚妄；有的婆罗门认为，我、世间是没有边际的存在，这是确实的真理，而其他学说则是虚妄；有的婆罗门认为，我、世间既有边际存在又没有边际存在，这是确实的真理，而其他学说则是虚妄；有的婆罗门认为，我、世间既非有边际的存在亦非没有边际的存在，这是确实的真理，而其他学说则是虚妄。有的婆罗门认为，这个灵魂与这个身体的存在，这是确实的真理，而其他学说则都是虚妄不真的；灵魂不同，身体亦随之不同，这是真实的见解，而其他学说则都是虚妄；灵魂与身体，既非不同亦非相同，这是真确的思想，而其他学说都是虚妄；有的婆罗门认为，既没有灵魂存在，亦没有身体存在，这是确实的真理，而其他学说则是虚妄。有的婆罗门认为，如来有命终，这是确实的真理，而其他学说则是虚妄；有的婆罗门认为，如来没有命终，这是确实的真理，而其他学说则是虚妄；有的婆罗门认为，如来既有命终又没有命终，这是确实的真理，而其他学说则是虚妄；有的婆罗门认为，如来既非命终亦非不命终，这是确实的真理，而其他学说则是虚妄。"

佛告诉梵志说："世间存在是永恒存在，乃至如来既非命终亦非不命终，这是所谓的真理命题，我并不做任何判断，亦不做任何支持。"

梵志对佛说："瞿昙！你为何不做任何判断呢？我、世间存在是永恒存在，乃至如来既非命终亦非不命终，难道连一个观点都不能支持吗？"

佛告诉梵志说："这些观念都不符合世间的真正的生命大义，都不符合根本佛法，都并非是梵行，并不是清净无秽的修持，不是宁静超脱的无为境界，不是清静解脱的寂灭，不是去恶扬善的超迈人格，不是净修的沙门，不是终极解脱的涅槃。因此，我对它们不做任何判断，亦不支持。"

原典

梵志又问："云何为义合、法合？云何为梵行初？云何无为？云何无欲？云何寂灭？云何止息？云何正觉？云何沙门？云何泥洹？云何名记？"

佛告梵志："我记苦谛、苦集、苦灭、苦出要谛。

所以者何？此是义合、法合、梵行初首、无欲、无为、寂灭、止息、正觉、沙门、泥洹。是故我记。"

梵志白佛言："佛先在我所时去未久，其后诸余梵志语我言：'汝何故听沙门瞿昙所说，语语印可瞿昙，言：我、世间常，乃至如来非终非不终，不合义，故不记？汝何故印可是言？我等不可沙门瞿昙如是所说。'我报彼言：'沙门瞿昙所说：我、世间有常，乃至如来非终非不终，不与义合，故我不记。我亦不印可此言，但彼沙门瞿昙依法住法，以法而言，以法出离。我等何由违此智言？沙门瞿昙微妙法言，不可违也。'"

佛告梵志曰："诸梵志言：'汝何故听沙门瞿昙所说，语语印可？'此言有咎。所以者何？我所说法，有决定记、不决定记。云何名不决定记？我、世间有常，乃至如来非终非不终，我亦说此言，而不决定记。所以然者，此不与义合，不与法合，非梵行初，非无欲，非无为，非寂灭，非止息，非正觉，非沙门，非泥洹。是故，梵志！我虽说此言而不决定记。云何名决定记？我记苦谛、苦集、苦灭、苦出要谛。所以者何？此与法合、义合，是梵行初首，无欲、无为、寂灭、止息、正觉、沙门、泥洹。是故我说决定记。"

译文

梵志又问佛说："什么才符合世间存在的真正意义，符合世间生命的基本法则？什么是净修梵行的开始？什么是清净无为的精神境界？什么才是净修无欲的实践行为？什么才是寂灭的修持？什么才是止恶息心的修持？什么叫正确的觉悟？什么才是沙门的真正修持？什么才是生命终极解脱的涅槃？什么命题才真正是生命价值判断的命题？"

佛告诉梵志说："我只关怀四圣谛：苦谛、集谛、灭谛、道谛。为什么呢？因为四圣谛符合人类的生命真义，切合人类生命的基本生存法则，是最初的清净梵行，四圣谛使人类通往清净无欲、无为自由、寂灭超升、止恶扬善的精神境界，四圣谛使沙门的修持成为真正的修持，使人类体认正确的觉悟，实现终极的涅槃解脱。因此，我只以四圣谛为根本的价值关怀。"

梵志对佛说："佛离开我的住处后不久，其后有梵志告诉我说：'你为何听从沙门瞿昙的教诲，都以瞿昙的教诲为根本的真理，认为诸如：我、世间存在都是永恒存在，乃至如来既非命终亦非不命终，这些命题并不符合人类生命的真义，所以不应该认为是确实的真理？你为何赞同并印可这些瞿昙的思想？我们反对沙门瞿昙的教诲，并不接受沙门瞿昙的学说。'我回答他们说：'沙门瞿昙所说的：我、世间永恒存在，乃至如来既非命终亦非不命终，这些命题并不符合人类生命的真义，所以我并不关心这些命题的真确性。对此，我亦不加以赞同、印可。但是，沙门瞿昙从人类生存的基本事实出发，坚持追寻人类生命的基本法则，决不谈论与人类生命的存在意义无关的迂阔言论，从人类生存的基本法则中，探求解脱涅槃的自由之路。因此，我们为什么要反对瞿昙智者的学说、思想呢？沙门瞿昙的学说精微而玄奥，不可不赞同。'"

佛对梵志说："其他梵志认为：'你何故听从沙门瞿昙所说的教诲，语语句句都加以印可？'这种说法有些错误。为什么呢？我所说的一切教诲可以区分为决定记和不决定记二种。什么才是不决定记呢？我、世间存在永恒存在，乃至如来既非存在命终亦非不存在命终，我亦了解这些命题，但并不做最终的真理判断。因为，这些命题并不符合人类生存的真义，并不符合人类生存的基本法则，并不是清净梵行的初始，并不是清净无欲、自然无为、寂灭超升的精神境界，并不是止恶扬善的价值关怀，并不是正确的生命觉悟，并不是沙门的理想目标，并不是终极的涅槃解脱。因此，尽管我亦理解这些思想命题，但并不做最终的价值判断。什么才是应该做出的终极的价值关怀呢？那就是四种人类生存的基本真谛：苦谛、集谛、灭谛和道谛。为什么这样说呢？因为四圣谛，才真正切合人类生命的基本真义，才真正符合人类生存的基本法则，才是最初的清净梵行，才能通向清净无欲、自由无为、寂灭超升、止恶息欲的精神境界，才能达到生命的正确觉悟，才能真正成为清心寡欲的沙门，才能实现终极的涅槃解脱。因此，我认为这才是终极的价值关怀。"

23　露遮经

佛告露遮①："汝昨去我不远，生恶见言：'诸沙门、婆罗门多知善法，多所证者，不应为他人说，乃至贪恶不善法。'实有是言耶？"

露遮言："尔。实有其事。"

佛告露遮："汝勿复尔，生此恶见。所以者何？世有三师，可以自诫。云何为三？一者剃除须发，服三法衣，出家修道，于现法中可除烦恼，又可增益得上人法；而于现法中不除烦恼，不得上人法。己业未成，而为弟子说法。其诸弟子不恭敬承事，由复依止②，与共同住。露遮！彼诸弟子语师言：'师今剃除须发，服三法衣，出家修道，于现法中可得除众烦恼，得上人胜法；而今于现法中不能除烦恼，不得上人胜法。己业未成，而为弟子说法，使诸弟子不复恭敬承事供养，但共依止，同住而已。'"

佛言："露遮！犹如有人坏故狱已，更造新狱，斯则名为贪浊恶法。是为一师可以自诫，是为贤圣戒、律戒、仪戒、时戒。"

又告露遮："第二师者，剃除须发，服三法衣，出家修道，于现法中可得除众烦恼，又可增益得上人法；而于现法中不能除众烦恼，虽复少多得上人胜法，己业未成，而为弟子说法。其诸弟子不恭敬承事，由复依止，与共同住。露遮！彼诸弟子语师言：'今师剃除须发，服三法衣，出家修道，于现法中可得除众烦恼，得上人法；而今于现法中，不能除众烦恼，虽复少多得上人法，己利未成，而为弟子说法，使诸弟子不复恭敬承事供养，但共依止，同住而已。'"

佛言："露遮！犹如有人在他后行，手摩他背，此则名为贪浊恶法。是为二师可以自诫，是为贤圣戒、律戒、仪戒、时戒。"

又告露遮："第三师者，剃除须发，服三法衣，出家修道，于现法中可除烦恼，又可增益得上人法；而于现法中不能除众烦恼，虽复少多得上人法，己利未成，而为弟子说法，其诸弟子恭敬承事，依止同住。露遮！

彼诸弟子语师言：'师今剃除须发，服三法衣，出家修道，于现法中可得除众烦恼，少多得上人法；而今于现法中不能除众烦恼，虽复少多得上人法，己利未成，而为弟子说法，诸弟子恭敬承事，共止同住。'"

佛言："露遮！犹如有人舍己禾稼，锄他田苗，此则名为贪浊恶法。是为三师可以自诫，是为贤圣戒、律戒、仪戒、时戒。露遮！有一世尊不在世间，不可倾动。云何为一？若如来、至真、等正觉，出现于世，乃至得三明，除灭无明，生智慧明，去诸暗冥，出大法光，所谓漏尽智证。所以者何？斯由精勤、专念不忘、乐独闲居之所得也。露遮！是为第一世尊不在世间，不可倾动。"

注释

①**露遮**：人名。原为婆罗门，后皈依佛法。

②**依止**：佛教名词。指学佛者仰赖有力有德者而不离。

译文

佛对露遮说："你昨日离开我的住所后，在不远处就生恶见，说：'沙门、婆罗门通晓许多善法，亲证许多善法，他们就不应该为别人讲解善法，乃至犯有贪欲之恶，成为不善法。'确有此言吗？"

露遮说："对。确有其事。"

佛告诉露遮说："你不要再生此恶见。为什么呢？世有三师，值得你自诫。哪三师呢？第一类法师，剃除须发，服三法衣，出家修道，希望在修行现法中断除烦恼，又可进一步实现上人殊胜之法；然而，他并未曾在修行现法中断除烦恼，并没有获得上人殊胜之法。他个人的修持尚未完成，就开始给弟子说法。其弟子虽然并不恭敬礼待，却仍与其师共同生活。露遮！弟子们对其师说：'法师如今剃除须发，服三法衣，出家修道，以为在现法修行中能断除一切烦恼，获致上人殊胜之法；如今却不能够在现法修行中断除烦恼，不能获致上人殊胜之法。自我修持尚且没有完成，却给众弟子说法，以致于众弟子不再恭敬礼待，而只是同住，共同生活在一起而已。'"

佛说："露遮！犹如有人摧毁了旧狱，却另造新狱，这才可称为贪欲、污浊之恶法。这就是一师可引以自鉴，这就是佛戒、律戒、仪戒、时戒。"

佛又对露遮说："有第二类法师，他们剃除须发，服三法衣，出家修道，希望在现法修行中断除一切烦恼，并且更可实现上人殊胜之法；但他们并没有在现法修行中断除众烦恼，虽然他们比第一类法师稍微多些实现上人殊胜之法，但个人的修持仍未真正圆满，却给弟子说法。其众弟子虽不恭敬礼遇，仍与其师共同生活，并依止仰赖其师。露遮！众弟子会告诉其师说：'现在法师剃除须发，服三法衣，出家修道，希望在现法修行中断除一切烦恼，实现上人殊胜之法；其实并没有真正在现法修行中断除一切烦恼，虽然稍多一些获致上人殊胜之法，但并没有圆满功德。法师虽给众弟子说法，却无法使众弟子再恭敬承事供养，而只是共同生活在一起而已。'"

佛说："露遮！犹如有人在背后推别人，这才是贪欲、污浊的行为。这就是第二类法师可引以为鉴的地方，这就是佛戒、律戒、仪戒、时戒。"

佛又对露遮说："第三类法师，剃除须发，服三法衣，出家修道，希望在现法修持中断除一切烦恼，并更获致上人殊胜之法；但他们却没有在现法中断除一切烦恼。虽然他们比前二类法师稍多获致上人殊胜之法，却并没有真正功德圆满。法师仍给众弟子说法，而众弟子亦能恭敬承事，而依止法师，共同生活。露遮！其众弟子对法师说：'法师如今剃除须发，服三法衣，出家修道，希望在现法修行中断除一切烦恼；虽然稍微获致一些上人殊胜之法，但仍没有真正功德圆满。法师给众弟子说法，众弟子恭敬承事，并依止仰赖。'"

佛说："露遮！犹如有人舍弃自家禾稼，却去锄别人的田苗，这才可称是贪浊恶法。这就是三师可引为自诫，这就是佛戒、律戒、仪戒、时戒。露遮！有一位世尊不在世间，不可倾动。是哪一位呢？如果如来、至真、等正觉，出现于世，乃至获致宿命明、天眼明、漏尽明三种智慧，除灭根本无明，生智慧光明，离却冥暗，生大法光明，即漏尽智慧的根本通达。为什么这样说呢？这都由修行者精勤不懈、忆持不忘、乐独闲居而获致的。露遮！这就是第一世尊不在世间，不可倾动。"

24　世记经

地狱品

原典

佛告比丘："此四天下^①有八千天下围绕其外，复有大海水周匝围绕八千天下，复有大金刚山绕大海水，金刚山外复有第二大金刚山。二山中间窈窈冥冥。日月神天有大威力，不能以光照及于彼。彼有八大地狱，其一地狱有十六小地狱。

"第一大地狱名想，第二名黑绳，第三名堆压，第四名叫唤，第五名大叫唤，第六名烧炙，第七名大烧炙，第八名无间。

"其想地狱有十六小地狱，小狱纵广五百由旬^②。

第一小狱名曰黑沙，二名沸屎，三名五百钉，四名饥，五名渴，六名一铜釜，七名多铜釜，八名石磨，九名脓血，十名量火，十一名灰河，十二名铁丸，十三名斤斧，十四名犳狼，十五名剑树，十六名寒冰。"

佛告比丘："无间大地狱有十六小狱周匝围绕，各各纵广五百由旬。云何名无间地狱？其诸狱卒捉彼罪人剥其皮，从足至顶，即以其皮缠罪人身，着火车轮，疾驾火车，辗热铁地，周行往返；身体碎烂，皮肉堕落，苦、痛、辛、酸，万毒并至，余罪未毕，故使不死，是故名为无间地狱。"

注释

①**四天下**：佛教名词。佛教认为，住须弥山四方咸海有四大洲，即四天下。四洲包括：一南赡部洲，亦称南阎浮提洲；二为东胜神洲，亦作东弗婆提，又称胜身；三为西牛货洲，亦作西瞿陀尼；四为北俱卢洲，亦称胜处。佛教相信，四天下都有地狱围绕。

②**由旬**：佛教量词。原为古代印度帝王一日行军的里程，一说为三十里，一说为四十里。

译文

佛告诉比丘说："南赡部洲、东胜神洲、西牛货洲、北俱卢洲四天下，其外部有八千天下相围绕，另外，又有大海围绕着八千天下，还有大金刚山围绕着大海水，而金刚山外又有第二大金刚山。两大金刚山之间，混沌窈冥。即使是日月天神的大威力，亦不能使光芒透照其中。两大金刚山之间，有八大地狱，而每一地狱又各有十六小地狱。

"八大地狱分别是，第一大地狱为想地狱，第二大地狱为黑绳地狱，第三大地狱为堆压地狱，第四大地狱为叫唤地狱，第五大地狱为大叫唤地狱，第六大地狱为烧炙地狱，第七大地狱为大烧炙地狱，第八大地狱是无间地狱。

"想地狱又包括有十六小地狱，小地狱纵横五百由旬。第一小狱叫黑沙地狱，第二小狱叫沸屎地狱，第三为五百钉地狱，第四为饥地狱，第五为渴地狱，第六为一铜釜地狱，第七为多铜釜地狱，第八为石磨地狱，第九为脓血地狱，第十为量火地狱，第十一为灰河地狱，第十二为铁丸地狱，第十三为𫓧斧地狱，第十四为豺狼地狱，第十五为剑树地狱，第十六为寒冰地狱。"

佛告诉比丘说："无间大地狱有十六小地狱围绕其

外，纵横五百由旬。何谓无间地狱？无间地狱众狱卒捉拿罪人剥其皮，从头到脚，然后用剥下的皮，缠在罪人之身，并附着火车轮，疾驾火车，辗过热铁之地，周行往复，永无中止之日；罪人身体碎烂，皮肉块块掉落，苦、痛、辛、酸，万毒攻身，但罪人却无法死去，因为其罪未曾得到最终的报应，这就是无间地狱的形象。"

忉利天品

原典

佛告比丘："一切众生以四食①存。何谓为四？抟细滑食为第一，触食为第二，念食为第三，识食为第四。彼众生所食不同。何等众生触食？卵生众生触食。何等众生念食？有众生因念得存，诸根增长，寿命不绝，是为念食。何等识食？地狱众生及无色天，是为识食。

"若有众生，身行恶，口言恶，意念恶，身坏命终，此后识灭，泥梨②初识生。因识有名色，因名色有六入。或有众生，身行恶，口言恶，意念恶，身坏命终，堕畜生中。此后识灭，畜生初识生。因识有名色，因名色有六入。或有众生，身行恶，口言恶，意念恶，身坏命终，堕饿鬼中。此后识灭，饿鬼初识生。因识有名色，因名色有六入。

"或有众生，身行善，口言善，意念善，身坏命终，得生人中。此后识灭，人中初识生。因识有名色，因名色有六入。或有众生，身行善，口言善，意念善，身坏命终，生四天王天③。此后识灭，四天王天识初生。因识有名色，因名色有六入。"

注释

①**四食**：佛教名词。通常指，一段食，亦作抟食，其对象为香、味、触三尘；二为触食，亦作乐食，指欢娱喜乐有助生命；三为思食，指第六意识的思念活动能增长生命；四为识食，指六识活动能支持有情生命（大乘为八识活动）。

②**泥梨**：佛教名词。为地狱的梵语音译，其义为无有，指无有一切喜乐。地狱是轮回六道中的最低境界。

③**四天王天**：佛教名词。佛教的护世四大天王：东持国天，南增长天，西广目天，北多闻天。

译文

佛对比丘们说："一切众生都赖四食而生存。哪四食呢？第一就是抟细滑之食，第二是触食，第三是念食，第四是识食。众生所食并不相同。什么众生以触食为主呢？以触食为生的是卵生众生。什么众生以念食为主呢？有的众生因念而得以生存，因念而使生命的力量增强，寿命不绝，这就是念食。什么是识食众生呢？生活在地狱中的众生以及无色天，都属于识食众生。

"如果有些众生，身行恶行，口出恶语，意想恶念，他们身坏命终时，此生的识见都将消失，同时又产生地狱初识。由于识的存在，所以有名与色的出现；由于名与色的存在，所以产生了眼、耳、鼻、舌、身、意六入。有的众生，身行恶行，口出恶语，意想恶念，他们身坏命终时，堕入畜生道中。此生的一切识见都将消失，同时又产生畜生初识。由于识的存在，才有名色的出现；由于名色的存在，所以有眼、耳、鼻、舌、身、意六入。又有的众生，身行恶行，口出恶言，意想恶念，当他们身坏命终时，堕入饿鬼道中。此生的一切识见都消失了，同时又出现了饿鬼初识。由于识的存在，才有名色的出现；由于名色的存在，所以有眼、耳、鼻、舌、身、意六入。

"又有的众生，身行善行，口说善语，意想善念，他们身坏命终时，能够转生人道之中。此生的一切识见都消失了，同时又产生了人道初识。由于识的存在，才有名色的出现；由于名色的存在，所以有眼、耳、鼻、舌、身、意六入。又有的众生，身行善行，口说善语，意想善念，当他们身坏命终时，生于四天王天：东持国天、南增长天、西广目天、北多闻天。此生的一切识见都消失了，但产生了四天王天识。由识才有名色，由名色而有眼、耳、鼻、舌、身、意六入。"

原典

佛告比丘："一切人民所居舍宅，皆有鬼神，无有空者。一切街巷四衢道中、屠儿市肆及丘冢间，皆有鬼神，无有空者。凡诸鬼神皆随所依，即以为名。依人名人，依村名村，依城名城，依国名国，依土名土，依山名山，依河名河。"

佛告比丘："一切树木极小如车轴者，皆有鬼神依止，无有空者。一切男子、女人初始生时，皆有鬼神随逐拥护；若其死时，彼守护鬼摄其精气，其人则死。"

佛告比丘："设有外道梵志问言：'诸贤！若一切男女初始生时，皆有鬼神随逐守护；其欲死时，彼守护鬼神摄其精气，其人则死者。今人何故有为鬼神所触娆者，有不为鬼神所触娆者？'设有此问，汝等应答彼言：'世人为非法行，邪见颠倒，作十恶业①，如是人辈，若百若千，乃有一神护耳。譬如群牛、群羊，若百若千，一人守牧。彼亦如是。若有人修行善法，见正信行，具十善业②，如是一人有百千神护。譬如国王，国王大臣有百千人卫护一人。彼亦如是。以是缘故，世人有为鬼神所触娆者，有不为鬼神所触娆者。'"

注释

①**十恶业**：佛教名词。十恶亦作十不善。佛教认为，十恶为招致苦果报应的业因，故称十恶业。十恶业包括：杀生、偷盗、邪淫、妄语、两舌、恶口、绮语、贪欲、嗔恚、邪见。

②**十善业**：佛教名词。十善业指不杀生、不偷盗、不邪淫、不妄语、不两舌、不恶口、不绮语、不贪欲、不嗔恚、不邪见。

译文

佛对比丘说："一切人们所居住的家宅，都有鬼神的存在，无处不在。一切街巷、大道小路、屠场市肆及丘冢间，都有鬼神的存在，无处不有。任何鬼神皆随其所住依之处而命名。依人则有人名，依村则有村名，依城则有城名，依国则有国名，依土则有土名，依山则有山名，依河则有河名。"

佛对比丘说："一切树木即使细如车轴，都有鬼神依止，没有空缺。一切男子、女人当他们刚诞生时，都有鬼神随之相拥相护；当他们去世时，那些保护他们的鬼神摄取了他们的生命精气，所以他们死了。"

佛对比丘说："如果有外道梵志问道：'诸贤，若一切男女刚出生时，都有鬼神相随守护；当其将死时，他们相随守护的鬼神摄取了他们的生命精气，最后他们就死了。那么，现在的人们为何有些人为鬼神所触娆，而又有的人却不被鬼神所触娆？'如果有这样设问，你们应该回答他们说：'世人若做非公正的邪恶行为，邪见颠倒，犯有十恶业：杀生、偷盗、邪淫、妄语、两舌、恶口、绮语、贪欲、嗔恚、邪见，即使这类众生，成百上千，都有一个神相随护他们。譬如群牛、群羊，成百上千，有一牧者相随护。这辈众生亦是如此。如果有人修行善法，见解正确，有信有行，具足十善业：不杀生、不偷盗、不邪淫、不妄语、不两舌、不恶口、不绮语、不贪欲、不嗔恚、不邪见，如是一人则有成百上千的神明护佑。就像一个国王，有成百上千的大臣卫护着他。修行善法者，亦是如此。因此，有的世人为鬼神所触娆，有的世人却不为鬼神所触娆。'"

世本缘品

原典

"尔时，有一众生作是念言：世间所有家属万物，皆为刺棘痈疮，今宜舍离，入山行道，静处思维。时，即远离家刺，入山静处，树下思维。日日出山，入村乞食。村人见已，加敬供养，众共称善：'此人乃能舍离家累，入山求道。'以其能离恶不善法，因是称曰为婆罗门。

"婆罗门众中有不能行禅者，便出山林游于人间。自言：'我不能坐禅。'因是名曰无禅婆罗门。经过下村，为不善法，施行毒法，因是相生，遂便名毒。由此因缘，世间有婆罗门种。彼众生中习种种业以自营生，因是故世间有居士种。彼众生中习诸技艺以自生活，因是世间有首陀罗种。世间先有此释种出已，然后有沙门种。刹利种中有人自思维：世间恩爱污秽不净，何足贪着也？于是舍家，剃除须发，法服求道：'我是沙门！我是沙门！'婆罗门种、居士种、首陀罗种众中，有人自思维：世间恩爱污秽不净，何足贪着？于是舍家，剃除须发，法服求道：'我是沙门！我是沙门！'

"若刹利众中，有身行不善，口行不善，意行不善。

行不善已，身坏命终，一向受苦。或婆罗门、居士、首陀罗，身行不善，口行不善，意行不善。彼行不善已，身坏命终，一向受苦。刹利种身行善，口行善，意念善，身坏命终，一向受乐。婆罗门、居士、首陀罗身行善，口行善，意念善，身坏命终，一向受乐。刹利种中，身有二种行，口、意有二种行。彼身、意行二种行已，身坏命终，受苦乐报。婆罗门、居士、首陀罗，身二种行，口、意二种行。彼身、意行二种行已，身坏命终，受苦乐报。

"刹利众中，剃除须发，服三法衣，出家求道。彼修七觉意，彼以信坚固，出家为道，修无上梵行，于现法中自身作证：我生死已尽，梵行已立，所作已办，更不受后有。婆罗门、居士、首陀罗，剃除须发，服三法衣，出家求道。彼修七觉意，彼以信坚固，出家为道，修无上梵行，于现法中作证：我生死已尽，梵行已立，更不受后有。此四种中，出明行成，得阿罗汉为最第一。"

尔时，诸比丘闻佛所说，欢喜奉行。

《长阿含》具足，

归命一切智，

一切众安乐，

众生处无为，

我亦在其列。

译文

"那时，有一众生心想：世间所有家庭婚姻，一切万物，都是刺棘，都如痈疮，我现在应该舍离世间，入山净修梵行，静处寻思生命解脱。稍后，他果然远离家累，舍弃刺棘，入山静处，端坐树下寻思生命解脱。他每日出山，入村乞食。村人见他静心修行，都崇敬有加，主动供养他，称扬他的美名：'此人能舍离家累，入山求道。'由于他能离弃一切恶行、不善法，因此人称其为婆罗门。

"婆罗门中有些人不能修行禅定，就走出山林，游化人间。他们自言：'我不能坐禅。'因此人称无禅婆罗门。这些不修禅定的婆罗门游化世间，却常做不善之事，施行恶法，由是辗转相生，所以名为恶。由于如此的因缘，世间有了婆罗门种姓。世间众生有的从事种种营生，由是辗转相生，而世间有居士种姓。世间众生中有的操习种种技艺，赖以谋生，因此，世间有了首陀罗种姓。世间首有释迦种姓的出现，然后才有沙门种。世间刹帝利种姓中有人独自思维：世间恩爱，变化无常，污秽不净，何足贪求执着？于是，他就毅然决然舍弃家累，剃除须发，穿上法服，离家求道：'我是沙门！我是沙门！'婆罗门种姓、居士种姓、首陀罗种姓，这些世间众生中，亦有人思维：世间恩爱，污秽不净，何足贪求执着？于是，他们亦舍弃家累，剃除须发，穿上法服，出家求道：'我是沙门！我是沙门！'

"如果刹帝利种姓中，有人身行不善，口行不善，意行不善。行不善法的人，身坏命终，必定遭受苦报。有的婆罗门种姓、居士种姓、首陀罗种姓，身行不善，口行不善，意行不善。他们行不善之法，身坏命终，必定遭到苦报。如果刹帝利种姓中，有人身行善法，口行善法，意念善法，则身坏命终，必定受到乐报。如果婆罗门种姓、居士种姓、首陀罗种姓，身行善法，口行善法，意念善法，则身坏命终时，亦能受到乐报。如果刹帝利种姓中，有人身行善、恶二种行，口、意亦有善、恶二种行，则他们身坏命终时，亦必将遭受苦、乐二种报。婆罗门种姓、居士种姓、首陀罗种姓，身有善、恶二种行，口、意亦有善、恶二种行。他们身、口、意都有二种行，当他们身坏命终时，会受到苦、乐二种报。

"刹帝利种姓中，有人剃除须发，服三法衣，出家求道。他们修行七觉意：念觉意、择法觉意、精进觉意、喜觉意、猗觉意、定觉意和舍觉意，他们信仰坚定，出家修道，修无上梵行，于现法中自身做证：我生死业报已终尽，清净梵行已确立，所应做的事已成就，不再受生死轮回。婆罗门、居士、首陀罗种姓中，亦有人剃除须发，服三法衣，出家求道。他们修习七觉意，信仰坚定，出家修道，修无上梵行，于现法中做证：我生死业报已终尽，清净梵行已成就，更不受生死轮回。婆罗门、刹帝利、居士、首陀罗四种姓中，生命解脱的清净梵行能够成就者，以获阿罗汉果为最高境界。"

当时，诸比丘们闻佛所说，欢喜奉行。

《长阿含经》具足，
归命一切智慧，
一切众生安乐，
众生清净解脱，
我亦身处其列。

源流

《阿含经》是早期佛教基本经典的汇编。近代以来，各国学者对于以中国为中心的北传佛教和以斯里兰卡为中心的南传佛教，做了各种文字佛经的对比研究，表明小乘佛教的阿含经典比较真实地反映了释迦创教时期的教义。

　　阿含是梵文 Āgama 的音译，亦译作阿鋡、阿伽摩、阿笈摩，意译法归、无比法、教传等，意为传承的教说或结集教说的经典。《善见律毗婆沙》卷一说："容受聚集，义名阿含。"《瑜伽师地论》卷八十五说："师弟展转，传来于今。由此道理，是故说名阿笈摩。"①

　　释迦说法，原为口头宣讲，并无成文经典。释迦入灭当年，摩诃迦叶为使佛法长传，乃在王舍城主持举行第一次佛教结集。此次结集，先由多闻第一的阿难忆诵佛经，结集经藏，这就是《阿含经》之由来；而后由持律第一的优婆离忆诵戒律，结集律藏。这些由摩诃迦叶主持审订的经藏、律藏，当时亦没有写成文字，仍按惯例，通过师弟口头传承的方式流传后世。至于第一次结集的经藏内容与次第，《瑜伽师地论》卷八十五记载说：

"事契经者，谓四阿笈摩：一者《杂阿笈摩》，二者《中阿笈摩》，三者《长阿笈摩》，四者《增一阿笈摩》。《杂阿笈摩》者，谓于是中，世尊观待彼彼所化，宣说如来及诸弟子所说相应，蕴、界、处相应，缘起、食、谛相应，念住、正断、神足、根、力、觉支、道支、入出息念、学、证净等相应，又依八众说众相应。后结集者，为令圣教久住，结嗢拖南颂，随其所应，次第安布。……即彼一切事相应教，间厕鸠集，是故说名《杂阿笈摩》。即彼相应教，复以余相，处中而说，是故说名《中阿笈摩》。即彼相应教，更以余相，广长而说，是故说名《长阿笈摩》。即彼相应教，更以一、二、三等渐增分数道理而说，是故说名《增一阿笈摩》。如是四种，师弟展转，传来于今。"②

第一次结集的经藏，即事契经者，就是四《阿含经》，其内容限于一切事——蕴、界、处、缘起、食、谛、七念住、正断、神足等等，可见其内容多为小乘声闻教法。王舍城结集，其经典依次为《杂阿含经》《中阿含经》《长阿含经》和《增一阿含经》。由此可知，四阿含成立的先后次第，即是此一《杂》《中》《长》《增一》四部次第。

北传四部阿含的传译工作，完成于东晋十六国时期及南北朝时期。汉译北传四阿含的内容结构大致如下：

《杂阿含经》五十卷。南朝宋初由中印度僧人求那跋陀罗（意译功德贤），口宣梵本，宝云传译，慧观笔受，译于建康。

《杂阿含》内有一千三百六十二经，而南传巴利文本则约有二千八百八十经。《杂阿含》亦称《相应阿含》。《五分律》卷三十说："此是杂说，为比丘、比丘尼、优婆塞、优婆夷、天人、天女说。今集为一部，名《杂阿含》。"③此即说，《杂阿含经》是把佛为不同对象而宣说的教法，加以分类编纂的经典汇编。

《杂阿含经》的另一特色在于，按佛教基本教义分类编纂。《根本说一切有部毗奈耶·杂事》卷三十九说：

"但是五蕴相应者，即以蕴品而为建立；若与六处、十八界相应者，即以处界品而为建立；若与缘起圣谛相应者，即名缘起而为建立；若声闻所说者，于声闻品处而为建立；若是佛所说者，于佛品处而为建立；若与念处、正勤、神足、根、力、觉、道分相应者，于圣道品处而为建立；若经与伽他（按，偈颂）相应者（于持伽他品而为建立，此句缺），此即名为《相应阿笈摩》。"④

求那跋陀罗所汉译的《杂阿含经》被认为是说一切有部所传承的《杂阿含经》。

《中阿含经》六十卷。东晋隆安元年至二年（公元三九七—三九八年）由罽宾沙门僧伽罗叉诵出，僧伽提婆译为汉语，豫州沙门道慈笔受，译于建康。

此经共十八品，共有二百二十二部经。在巴利文本则辑为二百五十二部经。《根本说一切有部毗奈耶·杂事》卷二十九说："若经中，中说者，此即名为《中阿笈摩》。"⑤又如《五分律》卷三十说："此是不长不短，今集为一部，名为《中阿含》。"⑥

《中阿含经》比较深入而详细地论述了小乘佛教基本教义四谛、八正道、十二因缘、五蕴等教说，因此后世认为《中阿含》是阐发深义的经典汇编。如《萨婆多毗尼毗婆沙》卷一说："为利根众生，说诸深义，名《中阿含》，是学问者所习。"⑦

《中阿含经》亦被认为是说一切有部所传承。

《长阿含经》二十二卷。全经包含三十部经。因所收之经篇幅较长，故称《长阿含经》。如《根本说一切有部毗奈耶·杂事》卷三十九说："若经长，长说者，此即名《长阿笈摩》。"⑧《四分律》卷五十四说："集一切长经，为《长阿含》。"⑨

汉译《长阿含经》的主诵者罽宾沙门佛陀耶舍，曾在长安译出法藏部的《四分律》六十卷和《四分僧戒本》一卷。《四分律·序》称他为"昙无德部体大乘三藏沙门佛陀耶舍"。可见佛陀耶舍是昙无德部即法藏部的沙门，所诵《长阿含经》当为法藏部传承。法藏部是小乘部派之一，据《异部宗轮论》，法藏部是佛灭三百年从上座部系统说一切有部的支派化地部中分裂出来的部派。

《增一阿含经》五十一卷。东晋隆安元年（公元三九七年）罽宾沙门僧伽提婆译，道祖笔受，译于建康。

此经按序品、一法、二法、三法，直至十一法，依次编排；每一法又分若干品，每品有三经至十经不等，共收录四百七十二经。其《序品》称，从理解一法开始，直到十法、十一法，"从一增一至诸法，义丰慧广不可尽，一一契经义亦深，是故名曰《增一含》"[10]。《五分律》卷三十说："从一法至十一法，今集为一部，名《增一阿含》。"[11]

《增一阿含》的依次增一编排的讲经方式，在《长阿含》中的《十上经》、《众集经》、《增一经》及《三聚经》等，即有依次增加法数的讲经方式，可视为《增一阿含》的雏形。

此经有不少大乘佛教的用语和说法，如"菩萨""六度""方等大乘义""无上正真之道""肉身虽取灭度，法身存在"等等，这与带有浓厚大乘色彩的大众部非常相像，故被认为是晚期大众部所传承的《增一阿含经》。

一般认为，北传四阿含约在公元前三、四世纪佛教分裂为部派佛教之前，编集而成。这些早期佛教典籍在其口头传承过程中，难免有所增改、损益。到公元前一世纪以后，北传四阿含逐渐被写成文字，演进为成文经典。部派佛教时期，一些较大的佛教部派，如说一切有部、化地部、法藏部、大众部以及南传上座部等，都有自己的阿含经典。尽管经过不同部派的改编、损益，有着不同的部派色彩，但仍然保留了早期佛教的基本教义；并且，由于长期口头传承的讲经方式的影响，为了便于忆诵，自古相传的佛经体裁、结构成分，仍遵循着释迦晚年所奠立的讲经类别，或分为九分教，或分成十二分教。这种规范化的讲经类别，在汉译四阿含里多有所见。如十二分教（亦称十二部经），在《中阿含经》卷一、《杂阿含经》卷四十一及《增一阿含经》卷二十一等等，均有记载。北传《长阿含经》卷三《游行经》亦记有"十二分教"的内容：

"比丘当知，我于此法自身作证，布现于彼，谓贯经、祇夜经、受记经、偈经、法句经、相应经、本缘经、天本经、广经、未曾有经、证喻经、大教经。汝等当善受持，称量分别，随事修行。所以者何？如来不久，是后三月，当般泥洹。"⑫

十二分教或十二部经，其译名虽有不同，但其内容不外乎：

（一）契经，亦称贯经，梵音修多罗，佛经中直接宣说的法义，为长行散文体经文。

（二）应颂，梵语祇夜，亦称重颂，与契经长行相应，以六句、四句、三句、二句，重宣教义，采用颂体。

（三）记别，梵语和迦罗那，亦作授记或受记，佛给予诸弟子预表未来修行果位的经文。

（四）讽颂，梵语伽陀，亦译称孤起颂。不说长行，直说偈句，为偈体有韵之经文。

（五）自说，梵语优陀那，指佛为令正法久住世间，无有人问，而自宣说。

（六）缘起，梵语尼陀那，亦称因缘，记述佛说经律的因缘。依如是如是事，说如是如是语。

（七）譬喻，梵语阿波陀那，为经中譬喻部分。

（八）本事，梵语伊帝曰多伽，亦称如是语，指佛为弟子说过去世种种因缘的经文。

（九）本生，梵语阇陀伽，指佛说自己过去世时行业事历的经文。

（十）方广，梵语毗佛略，亦译作广破、无比等。指佛为一切有情利益安乐所依处故，宣说广大甚深法义。

（十一）希法，梵语阿浮达磨，亦作未曾有法，指经中佛及弟子所显现的种种神通的记述。

（十二）论议，梵语优婆提舍，问答和议论诸法意义的经文。

十二分教或十二部经，成为后世指称佛教一切经的代名词，影响深远。《长阿含》等早期佛典所确立的这一些讲经规范，既标示出佛典区别于其他宗教经典的外在特征，同时亦反映了四部阿含之间在讲经规范上的一致性。除却四阿含都反映了早期佛教的基本教义这一共同点，讲经规范的一致性，亦是北传四阿含的共同之处。

每一部《阿含经》都包括许多内容不同的小经。最初在中国流传的阿含经典，就是这些单品经。如东汉时最早传译的《四十二章经》即是辑录《阿含经》要点的"经钞"。东汉末年安世高、三国时期支谦皆译有大量四部《阿含经》中的单品经。

根据梁僧祐《出三藏记集》和唐释智昇《开元释教

录》的记载，最早传译《长阿含经》之单品经的是后汉安世高。他曾译出《长阿含十报法经》二卷。吕澂先生认为此经同于《长阿含经》第九卷之《十上经》。安世高尚译有《人本欲生经》一卷，勘出《长阿含经》第十卷之《大缘方便经》；安译《尸迦罗越六方礼经》一卷，勘出《长阿含经》第十一卷之《善生经》。

据明·智旭《阅藏知津》，北传四阿含中汉译单品经，《增一阿含经》有二十八种单品经，《中阿含经》中有六十五种单品经，《长阿含经》中则有二十一种单品经，《杂阿含经》中有十七种单品经。梁启超因此而认为，西晋以前的佛经翻译，十之八皆为小乘经，而小乘经中又有十之八皆为《阿含经》。当然，更重要的莫过于北传四阿含全译事业的完成。自此，人们不仅可以了解佛教创立和发展初期的教义和传教情况，而且由于印度古来成文史料较少，汉译北传四阿含亦为研究印度古代社会和宗教文化提供了宝贵资料。

至于《长阿含经》中诸单品经汉译的具体情形，现据有关资料，做一列举。

吕澂先生所撰《新编汉文大藏经目录·阿含部》，辑录了《长阿含经》别出异译的单品经凡十七种，抄引如下⑬：

（一）《七佛父母姓字经》一卷。失译〔祐〕（按即梁·僧祐《出三藏记集》，下同）。附魏吴录〔房〕（按即隋·费长房《历代三宝纪》，下同）。勘出《长阿含》〔经〕（按即隋·法经等《众经目录》，下同）。今勘同第一卷初分《大本经》。

（二）《七佛经》一卷。宋·法天译。淳化元年（公元九九〇年）出〔祥〕（按即宋赵·安仁等《大中祥符法宝录》，下同）。

（三）《毗婆尸佛经》二卷。宋·法天译。淳化元年（公元九九〇年）出〔祥〕。今勘出《七佛父母姓字经》。

（四）《佛般泥洹经》二卷。西晋·竺法护译。泰始五年（公元二六九年）出〔祐〕。后作白法祖译。勘出《长阿含》第二至四卷初分《游行经》〔开〕（按即唐·智昇《开元释教录》，下同）。

（五）《大般涅槃经》三卷。东晋·法显译。勘同《佛般涅槃经》〔开〕。

（六）《般泥洹经》二卷。失译。附东晋录〔开〕。先作刘宋·求那跋陀罗译〔经〕。勘同《佛般泥洹经》〔开〕。原残一卷，《开录》补全。

（七）《大坚固婆罗门缘起经》二卷。宋·施护、惟净同译。大中祥符三年（公元一〇一〇年）出〔祥〕。今勘出《长阿含》第五卷初分《典尊经》。

（八）《人仙经》一卷。宋·法贤译。咸平元年（公元九九八年）出〔祥〕。今勘出《长阿含》第五卷初分《阇尼沙经》。

（九）《大集法门经》二卷。宋·施护译。景德二年（公元一〇〇五年）出〔祥〕。今勘出《长阿含》第八卷第二分《众集经》。

（十）《长阿含十报法经》二卷。后汉·安世高译〔祐〕。勘出《长阿含》第九卷〔开〕。今勘同二分《十上经》。

（十一）《信佛功德经》一卷。宋·法贤译。咸平元年（公元九九八年）出〔祥〕。今勘出《长阿含》第十二卷二分《自欢喜经》。

（十二）《佛开解梵志阿颰经》一卷。失译〔祐〕。后吴·支谦译。勘出《长阿含》〔开〕。今勘同三分《阿摩昼经》。

（十三）《梵网六十二见经》一卷。西晋·竺法护译〔祐〕。后吴·支谦译。勘出《长阿含》第十四卷〔开〕。今勘同三分《梵动经》。

（十四）《寂志果经》一卷。失译〔祐〕。后作竺昙无兰译。勘出《长阿含》第十七卷〔开〕。今勘同三分《沙门果经》。

（十五）《大楼炭经》六卷。西晋·法炬译〔祐〕。后作法炬、法立共译。勘出《长阿含》四分《世记经》。

（十六）《起世经》十卷。隋·阇那崛多等译。勘同《楼炭经》〔开〕。

（十七）《起世因本经》十卷。隋·达摩笈多译〔泰〕（按即唐·静泰《大敬爱寺众经目录》）。勘同《楼炭经》〔开〕。题中"因本"二字依《周录》加（按《周录》即周·明佺等《大周刊定众经目录》）。

日本从公元一九二三——一九二八年，编印《大正新修大藏经》，对汉文《大藏经》的编次做了校订，使向来混杂排列的经本得以系统明确的分类。《大正藏》将经、律、论三藏译本，总分为十六个部门：（一）阿含，（二）本缘，（三）般若，（四）法华，（五）华严，（六）宝积，（七）涅槃，（八）大集，（九）经集，（十）密教，（十一）律部，（十二）释经论，（十三）毗昙，（十四）中观，（十五）瑜伽，（十六）论集。对于各部的经籍亦加以重新排列整理。《长阿含经》被列为《大正藏》阿含部的开首。在《长阿含经》之后，又分别列出别出异译的诸单品经。这里，根据《大正藏》第一册所收录的《长阿含》单品经，列举其编号、经名、译者、卷数如下：

编号二	《七佛经》	一卷 宋·法天译
编号三	《毗婆尸佛经》	二卷 宋·法天译
编号四	《七佛父母姓字经》	一卷 失译

编号五　《佛般泥洹经》　　　　　　二卷　西晋·白法祖译

编号六　《般泥洹经》　　　　　　　二卷　失译

编号七　《大般涅槃经》　　　　　　三卷　东晋·法显译

编号八　《大坚固婆罗门缘起经》　　二卷　宋·施护等译

编号九　《人仙经》　　　　　　　　一卷　宋·法贤译

编号一〇《白衣金幢二婆罗门缘起经》三卷　宋·施护等译

编号一一《尼拘陀梵志经》　　　　　二卷　宋·施护等译

编号一二《大集法门经》　　　　　　二卷　宋·施护译

编号一三《长阿含十报法经》　　　　二卷　后汉·安世高译

编号一四《人本欲生经》　　　　　　一卷　后汉·安世高译

编号一五《帝释所问经》　　　　　　一卷　宋·法贤译

编号一六《尸迦罗越六方礼经》　　　一卷　后汉·安世高译

编号一七《善生子经》　　　　　　　一卷　西晋·支法度译

编号一八《信佛功德经》　　　　　　一卷　宋·法贤译

编号一九《大三摩惹经》　　　　　　一卷　宋·法天译

编号二〇《佛开解梵志阿颰经》　　　一卷　吴·支谦译

编号二一《梵网六十二见经》　　　　一卷　吴·支谦译

编号二二《寂志果经》　　　　　　　一卷　东晋·竺昙无兰译

编号二三《大楼炭经》　　　　　　　六卷　西晋·法立共法炬译

编号二四《起世经》　　　　　　　　十卷　隋·阇那崛多等译

编号二五《起世因本经》　　　　　　十卷　隋·达摩笈多译

由上可见，日本《大正新修大藏经》辑录了《长阿含经》的单品经共二十四种，凡五十八卷。《大正藏》所辑录的二十四种单品经，比明·智旭《阅藏知津》所提到的多出三种，比吕澂先生《新编汉文大藏经目录》则多出七种。与吕澂先生的《目录》相同的《长阿含》单品经，其相应出处兹不再列出。其他七种单品经，则或指明其相应经品，或因资料残缺不便标明。

《大正藏》比吕澂先生《新编汉文大藏经目录》多辑的七种单品经分别是：

（一）《白衣金幢二婆罗门缘起经》 一卷 宋·施护等译

（二）《尼拘陀梵志经》 二卷 宋·施护等译

（三）《人本欲生经》 一卷 后汉·安世高译 同于《长阿含经》第十卷《大缘方便经》

（四）《帝释所问经》 一卷 宋·法贤译 似为《长阿含经》第十卷《释提桓因问经》的别本异译

（五）《尸迦罗越六方礼经》 一卷 后汉·安世高译 同于《长阿含经》第十一卷的《善生经》

（六）《善生子经》 一卷 西晋·支法度译 同《长阿含经》第十一卷《善生经》

（七）《大三摩惹经》 一卷 宋·法天译

在《长阿含经》全译事业完成之前，中国就已经出现其单品经的翻译，而且，即使全译本已经出现，直到隋朝，中国依然存在《长阿含》单品经的汉译。但自隋唐以降，传统的中国佛教，尤其是台、贤判教的佛教，对《阿含经》却是持不重视的心态。梁启超慨叹说："学佛者以谈小乘为耻，阿含束阁，盖千年矣。"⑭

忽视阿含经典的重要地位，自是一种历史的迷误；而认为阿含非佛说，更是一种谬见。这些迷误与谬见，受制于诠释佛说的视域。迄到近代，随着佛教研究的立体化、多层面的展开，研究者从社会学、历史学等各种视角追究原始佛教的根本精神时，才真正认识到阿含经典的历史价值、学术价值。这种情形不仅出现在西欧，出现在日本，中国的佛教研究亦是如此。

张曼涛先生主编的《现代佛教学术丛刊》之第九十一册，名为《经典研究论集》。其编辑旨趣云："现代佛教研究的成就，与传统佛教的差异，主要的就在由探讨阿含的思想而来。"⑮该《论集》辑录了近现代中国学者探讨阿含经典的重要论述，包括梁任公的《说四阿含》、东初的《阿含概说》、力定的《四〈阿含经〉的研究》等研究成果。尽管从总体上来说，探究阿含经典的著述，仍相当缺乏，"但由一向不重视阿含研讨的传统佛教，到此有单独论述阿含的文字出现，亦算是一大进步，亦是算是一时代的象征意义"⑯。

在中国近代佛教研究方面，阿含经典的研究，确实取得了相当的成绩，一改传统佛教"以谈小乘为耻"的陈习。欧阳渐、吕澂、汤用彤、王恩洋等一代佛学名家，都在阿含经典研究上做出了极大的努力。特别是当代佛学家印顺导师，其一生的佛学造诣，得自阿含经典的法益可谓深广矣。印顺导师的《佛法概论》《性空学探源》《唯识学探源》，都可说是深究阿含经典的力作。

佛教研究者随着诠释视域的扩展，深切地认识到，尽管阿含经典在教义思想上不及大乘思想丰富和深广，但研究阿含经典，可搜集到后来大小乘思想，尤其是形成、开展出大乘佛理的某些重要依据。如大乘佛理的空、缘起、中道以及大乘佛教所用的术语——三十七道品、三增上学、四摄事等，都可见于阿含经典。而龙树的空和无著的有，尤其是前者，明显地接受了阿含经典的深刻影响。总之，阿含经典所摄内容宽泛，并不仅仅限于小乘声闻教的思想，而是可视为一切大乘思想的共同渊源。

东初所撰的《阿含概说》把阿含经典的主要内容归纳为七个方面：无常即空的思想；缘起即空的思想；中道义；与当时印度其他宗教哲学具有密切关系，以《长阿含经》为例，如《沙门果经》对非婆罗门教的六师思想的批判，如《善生经》对现实社会伦理规范的关注，又如《三明经》对神教迷信的破除等等；阿含经典与佛灭二百年后部派佛教的相关性；阿含经典不仅涉及大、小乘的基本教理，甚至可视为所有佛教义理的思想渊源及历史渊源；阿含经典亦是研究印度宗教哲学及一般思想的无可取代的依据。因此之故，"不了解阿含，不特不能了知空有之大乘教思想，且不能了知一切经典根本思想的源流，甚至不了解整个佛法思想起源的背景"[⑰]。

近代佛教学者对阿含经典的深入探究，是佛教意识的一次真正自觉。佛教是一个整体性存在。脱离阿含佛教的历史偏见，障蔽着对佛教的整体把握。梁启超在《说四阿含》这一专论中，明确主张"吾以为真欲治佛学者，宜有事于阿含"[⑱]。他认为，必须注重阿含经典的佛学研究，基于以下六大理由：

其一，阿含经典是最早成立的佛教经典，并以公开结集的形式完成，因此阿含经典的内容最为可信。

其二，阿含经典说理较为质朴而实在，比其他经藏更少文学夸饰的成分。

其三，阿含经典运用一种类似《论语》的言行实录的体裁，易使人体认释尊的现实人格。

其四，阿含经典详细说明了佛教的根本义理，如四圣谛、十二因缘、五蕴皆空、业感轮回、四念处、八正道等等，若无阿含经典，则一切大乘经论皆无从索解。

其五，阿含经典非但不与大乘经相冲突，而且含蕴不少大乘教义，因此，不容轻易由于阿含为小乘经而否定。

其六，阿含经典记载了许多释迦创教时期印度的社会环境，由此可加深对释尊应机宣化的良苦用心，从而有助基于现实的对佛教的自觉体认。

阿含经典内容结构的独特性，使愈来愈多的学者认识到不容忽视阿含经典的研究，亦必将使佛教自身更本真地切近释迦创教的现世情怀。

注释：

①②《大正藏》第三十册页七七二中。

③《大正藏》第二十二册页一九一上。

④⑤《大正藏》第三十册页七七二下。

⑥《大正藏》第二十二册页一九一上。

⑦《大正藏》第二十三册页五〇三下。

⑧《大正藏》第三十册页七七二下。

⑨《大正藏》第二十二册页九六八中。

⑩《大正藏》第二册页五五〇中。

⑪《大正藏》第二十二册页一九一上。

⑫《大正藏》第一册页十六下。

⑬引自《新编汉文大藏经目录》，吕澂著，济南齐

鲁书社一九八一年版。

⑭引自《佛学研究十八篇》第二七一页，梁启超著，中华书局影印。

⑮⑯引自《经典研究论集·编辑旨趣》，张曼涛主编《现代佛教学术丛刊》之⑨册，台北大乘文化出版社。

⑰《阿含概说》，东初撰，同上。

⑱引见梁启超《说四阿含》一文，《佛学研究十八篇》，同注⑭。

解说

早期佛教的历史分期，一般把从释迦牟尼创教到入灭后一二百年佛教教团发生重大分裂之前，称作原始佛教时期。原始佛教时期的释迦时代，是奉行佛法的弟子们的根本典型。因此，又称之为根本佛教时期。根本佛教的圣典就是口口传诵的阿含经典。所以根本佛教亦称阿含佛教。

　　阿含经典由释迦入灭当年举行的佛教第一次结集所确定，依次编集为《杂阿含经》《中阿含经》《长阿含经》和《增一阿含经》。有的说法还包括《杂藏》。北传佛教与南传佛教的对比研究表明，阿含经典比较真实地反映了早期佛教的基本教义。

　　《长阿含经》是北传佛教阿含经典的重要组成部分。同其他阿含经典一样，《长阿含经》亦反映了佛教初创时期和发展初期的基本教义，如四谛、八正道、十二缘起以及四念处、四正断、四神足、五根、五力、七觉意等，宣示了佛教修持的基本理论戒、定、慧三学。汉译《长阿含》除了较切实地记述早期佛教的基本教义，其独特之处还在于"破诸外道"。破斥外道异说，构成《长阿含经》的重要景观。如选录的《弊宿经》《阿摩昼经》《裸形梵志经》《沙门果经》《布吒婆楼经》都较详尽地记载了早期佛教破斥外道的主要内容。

汉译《长阿含经》的释译本，共选录了三十部单品经的二十四种，约三万字，大致体现了汉译北传《长阿含经》的内容结构。这里，对所选经典的精义做简要阐述。

现实人生与佛陀本怀

汉译《长阿含经》的初分内容结构，有特色地记述了释尊本始事迹和创教的现实情怀。除第三经《典尊经》外，其他三经《大本经》、《游行经》和《阇尼沙经》都加以选录。

释迦终其一生的传教活动地区是恒河中上游一带，主要集中在摩揭陀的国都王舍城和拘萨罗的国都舍卫城。释迦在鹿野苑"初转法轮"为憍陈如等五人说法，度为僧人，成立最初的佛教僧团。《长阿含经》每每提及佛与大比丘众"千二百五十人俱"，此虽不必是确指，但多少表明佛教僧团已具较大规模。

释迦的现实人格是初期僧团的凝聚力量。众比丘总不免怀着深厚的崇敬，谈论释迦种种超迈的精神事件，以及释迦过去世时的种种因缘，谈论释尊的法慧、神通。释迦并不回避弟子们的议论，而是坦诚相告诸佛的本始事迹和广大神通。释迦谆谆告诫弟子们，作为出家修道者，必须关注二大修持：一是宣讲佛法，使佛法布化世间；二是默然独处，闲居静修。而释迦本人终其一生的修持，正是如此，于闲静处独自静修，于现世人间宣示佛法教化众生。释迦言传身教的现实人格，乃是佛教初创时期的现世情怀和精神理念的最本真体现。

释迦出家修道前，亦称为菩萨。菩萨虽身尊迦毗罗卫国的太子，宅心高远，洞察世事诸相。偶然的出门游观是一桩必然的事件。病者、老人、死者、沙门，都是当时印度社会随处可见的，但却触发了释迦内心深蕴的世间无常的深切喟叹，以致毅然决然地出家修道。沙门之道，"永绝尘累，微妙清虚"，这虽是《大本经》所记载的释迦对修道的识见，但此识见含蕴着超越世间无常的精神信念；而这一超越尘世的精神信念，开辟了人类精神文明的一个"轴心时代"。

释迦的抉择路向，绝非消极的逃避，而是积极地直面现实人世的苦难；释尊对精神解脱的神往，绝非仅为摆脱个体性的尘俗之累，而是探究现实众生的根本解救。他深切地寻思："众生可愍，常处暗冥，受身危脆，有生，有老，有病，有死。众苦所集，死此生彼，从彼生此。缘此苦阴，流转无穷。我当何时晓了苦阴，灭生、老、死？"①生、老、病、死的现世境遇，必有苦难的根因；现实人生的一切身心痛苦与烦恼，不是来自别处，而正是来自构成人生的五阴（或作五蕴）：色、受、想、行、识。五阴尽管是人生苦恼的总体性的源头，决定着人生无常，但进一步探究，五阴之苦亦只是苦恼的表现，而非真正根源。能够舍弃五蕴，断除对现世诸相的贪欲，固然可挣脱生死轮回，但释迦却更深入地探究了生死冥暗的根本缘起。

生死何从？人生来自何处？人生去往何处？释迦以正觉的智慧，感悟出现实人生的根本缘起，这就是十二因缘的佛教理论。

十二因缘，在汉译北传《长阿含经》里有多次阐述。最先出现在初分第一卷《大本经》。据《大本经》十二因缘的主要内容为：从生有老死，生从有起，有从取起，取从爱起，爱从受起，受从触起，触从六入起，六入从名色起，名色从识起，识从行起，行从痴起；缘痴有行，缘行有识，缘识有名色，缘名色有六入，缘六入有触，缘触有受，缘受有爱，缘爱有取，缘取有有，缘有有生，缘生有老、病、死、忧、悲、苦、恼。

痴亦作无明，指对生命实相的冥暗无知；行，是人生的一切造作或行为，包括思想、语言和行为，是能产生善、恶诸业的一切身心行为；识，由过去世的业力而感受果报的一切感觉、意识活动，包括眼识、耳识、鼻识、舌识、身识、意识，亦指托胎而生的心识、神识；名色，名即五蕴中的受、想、行、识，色即肉身；六入，亦作六处，包括眼、耳、鼻、舌、身、意六种人身的感觉器官；触，是指眼触色、耳触声、鼻触香、舌触味、身触、意触；受，指感觉、感受，包括苦受、乐受、不苦不乐受三种类型；爱，指对财、色、名、食等欲望的贪爱，包括欲爱、色爱和无色爱；取，由贪爱而执染诸境，包括欲取、见取、戒禁取和我语取；有，指一切众生及其所居住的欲界、色界、无色界，亦指今生今世的有漏因所招致未来世的生死之果；生，指形成生命；老死，指衰老与死亡。

十二因缘表明了人生的由来和生命的流转，称为"流转门"，一切众生最基本的生存境况，就是依从十二因缘而流转于生死苦海的无穷轮回之中。不过，释迦对十二因缘的感悟，尚包括"还灭门"这一永远断灭生死苦恼的过程。

"何等无故老死无？何等灭故老死灭？"释迦再度以正觉的智慧，感悟众生苦灭而获解脱的真正路径：生无故老死无，有无故生无，取无故有无，爱无故取无，受无故爱无，触无故受无，六入无故触无，名色无故六入无，识无故名色无，行无故识无，痴无故行无；而痴灭故行灭，行灭故识灭，识灭故名色灭，名色灭故六入灭，六入灭故触灭，触灭故受灭，受灭故爱灭，爱灭故取灭，取灭故有灭，有灭故生灭，生灭故老、死、忧、悲、苦、恼灭。

十二因缘的流转门和还灭门，构成了释迦佛教作为整体的十二缘起学说。无论是流转门抑或是还灭门，都并非纯粹的学理探究，而是基于修持的实践智慧。《大本经》记载说：菩萨对十二因缘的冥思，"生智，生眼，生觉，生明，生通，生慧，生证"②。释迦通过逆观、顺观十二因缘，如实知见，证达阿耨多罗三藐三菩提。

佛法智慧是注重实践修持的人生洞识。《游行经》强调"七不退法"，更是把注重实修的佛法智慧，贯彻于现实人生的日常操行之中，从而为佛教修持提供现世生活的根基。如"七不退法"的最后一法说："先人后己，不贪名利。"既把来自现世的经验训诫引入佛教修持，同时亦把佛教修持贯穿俗世人生的人格操守。这一态度，表明佛教初创时期对现实生活的关注，并不游离于现实生活之外。关注现实人生，乃是佛教的本怀。

释迦时代，婆罗门教虽然渐已失去统摄社会精神生活的万流归宗的地位，但一般民众的宗教意识、生活习惯仍与婆罗门教存在着千丝万缕的联系。婆罗门教的根本思想在于，宣称吠陀天启，强调祭祀万能，鼓吹婆罗门种姓至上。在宗教修行上，婆罗门教主张回归大梵，并通过业报轮回而转生于天。针对婆罗门教的上述观念，释迦创教以修善行拒斥祭祀万能，以皈依佛、法、僧而拒斥吠陀天启，以四种姓平等而反对婆罗门至上，以善行生天而反对祭祀转生。而善行主张，极能体现释迦佛教对传统婆罗门教的基本态度，表明佛教初创阶段的反吠陀、反祭祀的倾向。

善行总是根植于现实生活的人生行为。这是初创佛教的基本识见。"先人后己，不贪名利"，"不以无德而自称誉"，"不与恶人而为伴党"，"知惭""知愧"，乃至"敬顺父母"等等，莫不是增长佛法的修持，莫不是证悟佛法的路径。

善行亦是基于佛陀对人性的察识。人性中含蕴向善超升的力量。但人性向善并不是一个自然的过程，而必须通过持戒修持的实践努力来臻达。释尊本教为在家净众多说施、戒、慈定以处世；为出家比丘僧众则多说戒、定、慧以出世。身常行慈，口宣仁慈，意念慈心，持贤圣戒。由慈而持戒，由持戒而护慈，双方互助而相与增益。清信士持戒的广大功德，既是现世的财产增益，又是来世的转生天道；既是内在于现实人生，又是指向超越的理想人生。僧众修行，依戒资定，依定发慧，依慧断除妄惑，显发真理。戒、定、慧三学概括了佛教修持的全部修学内容。

善行既包括护慈的现实维度，但更具有苦难之解脱的超越维度。佛与比丘说戒、定、慧："修戒获定，得大果报；修定获智，得大果报；修智心净，得等解脱，尽于三漏：欲漏、有漏、无明漏。已得解脱，生解脱智。生死已尽，梵行已立，所作已办，不受后有。"戒、定、慧三学修持的终极归趣，并不止于性灵的充实，而更是漏尽，灭除苦恼，获生死解脱的根本果报，真立圆满清净梵行。因此，可以说释尊本教始于现实的善行，而终归于生死苦难的根本解救。

佛陀八十岁那年，离开摩揭陀国王舍城，来到毗舍离城。时值雨季，又遇饥馑。释迦乃遣散众僧，独与阿难留居城外波梨婆村。此时佛已患重病，自知化缘已将毕，唯以弟子多不在，不宜入涅槃，遂勉力维持生命。阿难知佛入灭期近，乃请佛陀留命众弟子。如来对阿难说："我不摄持众僧，亦无教令留与众僧。"唯一留给众僧的期望就是，"自炽燃，炽燃于法，勿他炽燃；自归依，归依于法，勿他归依"③。释迦游化四十五年，最后告诫弟子的唯是"归依于法"而非皈依其他存在。如来灭度后，能修行身、受、意、法四念处的人，就是佛陀的真正弟子，就是世间的真正学者。四念处是七觉支的初基，是远离四种颠倒妄见的妙术，是出离生死苦恼的根本道路。

出夏安居后，佛陀勉力支撑，来到拘尸那城，憩身希连禅河畔的娑罗双树间。释尊与众讲法，坦然相告："如来不久，是后三月，当般涅槃。"释迦终其一生的说法教化，都不出"自身作证"的基本原则。面对弟子们的悲痛欲绝的神情，释迦却显得安详无比，"天地人物，无生不终，欲使有为不变易者，无有是处。我亦先说恩爱无常，合会有离，身非己有，命不久存"④。死亡不是终结，而是一种新生的开端。命身无常，有为变幻；恩爱无常，聚必有离。但超越无常身命的佛法正觉，却能够穿透身命无常的冥暗，臻达生死解脱的人生澄明之境。

在释迦晚年，曾发生佛教僧团暂时分裂的现象。为此，释尊又给众比丘讲示"四大教法"。对于一切教法，无论出自何人之口，都应该依经，依律，依法，究其本末。如果依经、依律、依法所说，则应加以受持，并广为人说；若非依经、依律、依法所说，则毫无犹豫地加以舍弃，不为人说。四大教法，切实而具体地表现了佛陀"以法为师"的佛教本怀。供养如来的绝非香花、果物，而是善于受持正法，勤于修持正法。

有外道须跋陀罗，闻释尊中夜将入涅槃，请见佛陀而一决所疑。阿难以释尊疲乏而加以推辞。但须跋固请不已。佛愍感于须跋的求智诚望，所以不辞疲乏，示之以唯八圣道能证四沙门果；若无八圣道，则无有沙门果。八正道，是佛法与外道异说的分界线。须跋陀罗闻法证果，而成为释尊的最后门徒。

于时，众僧知佛将灭，都悲恸欲绝。佛晓谕众人若有疑惑，可乘如来尚在而疾问之。但没有一人疑于佛、法、僧三宝。于是，释尊做一生游行的最后说法，"是故，比丘！无为放逸，我以不放逸故，自致正觉。无量众善亦由不放逸得。一切万物无常存者。此是如来末后所说"⑤。释尊的教法、释尊的正觉，莫不来自精进不懈的修持实践；佛法的辗转布化，就是如来法身的常住世间。

阿含归趣与世间解脱

印顺长老有言："佛法无他事，净化世间以进趣出世之寂灭而已。"阿含经典是初创时期的佛教圣典,关注现世人生的本真意义。其注重现世善行的倾向,表明阿含经典归趣在于不离世间而得清净解脱。

《长阿含经》的二分内容结构,大致上集中体现为佛法修持的主要内容和教理纲要。本分共选录《小缘经》《转轮圣王修行经》《弊宿经》《散陀那经》《众集经》《十上经》《三聚经》《阿㝹夷经》《善生经》《清净经》《自欢喜经》,凡十一种。

佛法是佛教义理及修持学说的概称。佛法细论则具体包括教法、理法、行法、果法。教法即佛陀所宣示的教说,理法指教法所阐述的义理,行法指佛教修持和践行,果法指修行证果。依此四法,《长阿含经》都有所体现。与教、理、行、果相应,则有信、解、行、证四法。信即信顺教法,解即悟解义理,行即依教修行,证即修行证果。义理的阐释、修持的行证,两方面都体现在《长阿含经》第二分的内容结构中。

佛教初创的社会背景,与婆罗门教的日益衰败密切相关。《小缘经》里记载了婆悉吒和婆罗堕二个婆罗门转变信仰的事件。婆罗门教鼓吹婆罗门种姓至上的理论,认为唯有婆罗门种姓是清白无垢的种姓,出自梵天之口,而其他三种姓则属于黑冥种姓;唯有婆罗门这一清白种姓,能在现法中获得清净解脱,死后生天。释尊则基于善行生天的根本立场加以拒斥，任何一种姓，不善行则有不善报，有善、恶行则善、恶果报相杂，善行才能获善报，婆罗门种姓亦不例外。因此，婆罗门种姓不得独称自己是唯一的清净种姓。释尊本教所表现出来的"在善行善报面前种姓平等"的基本主张，在当时的印度社会具有极深广的感召性，以致婆悉吒等婆罗门都放弃原来的信仰，信顺佛法，追随释教。

释迦破除婆罗门种姓至上的神话，代之以四种姓平等，其中蕴含着"善行善报面前种姓平等"之义，已如前述。种姓平等的另一含义在于，佛门弟子虽出身种姓不同，但出家为僧，则一律平等，自动取消原来的出身种姓，但言"我是沙门释种子"，在佛法面前人人平等。

佛教的善恶果报学说，主张有因则有果，反对无因论。这一理论亦是对当时道德虚无主义者的回应。世间之道以戒为本，出世间道则以慧为本。戒本的具体内容是"五戒"，亦称"五善"，包括不杀生、不偷盗、不邪淫、不妄语、不饮酒。反之，杀生、偷盗、邪淫、妄语、饮酒，则是"五恶"。戒，梵语 Sila，意为"惯行"，通常指佛教僧俗信徒制定的基本行为规范。由五戒进一步扩充为"十善"，亦作"十善行"，包括：不杀生、不偷盗、不邪淫、不妄语、不两舌、不恶口、不绮语、不贪欲、不嗔恚、不邪见。十善分别与身、口、意三业相联系。不杀生、不偷盗、不邪淫、不妄语是四种善行，不贪欲、不嗔恚是善心，能克己亦能恕人；不邪见则是善意。即使转轮圣王的仁政，亦在于善行。修齐治平在十善。由五戒而十善，由个体的持戒扩充为社会的治平，释尊本教所寻求的个人解脱相关涉于整体的人性改善，使佛法立足于现世人间。佛法的解脱之道最终必落归现世人间。

善业有善报，恶业则有恶报。善、恶报应轮回于天、人、畜生、饿鬼、地狱五道之中。天乐而地狱则苦，人、畜生、饿鬼则苦乐相杂。佛法有"六念"之说，除念佛、法、僧三宝之外，就是念施、念戒、念天，一般信众由布施、慈定而可来世生天，感受生天之乐。但布施、慈定都奠基于净戒，都离不开持戒。释尊有云："吾所说法微妙第一，为灭不善法，增益善法。"

释尊本教拒斥极端苦行主义。《散陀那经》鲜明地体现了早期佛教的这一基本立场。无论是舍离无明的漏尽慧解脱，还是远离贪欲的清净心解脱，都并不根植于当时印度盛行的苦修。佛陀强调，真正的苦修只来自世间行善的苦修，"慈心修善而苦行"。慈心苦修不是别的，而正是八圣道：正见、正思维（正志）、正语、正业、正命、正方便（正精进）、正念、正定。其中正见、正定最为重要，由正见而生正信，由正定而获正慧，终致涅槃清净解脱。佛教八正道才是真正的清净无垢的修持方法。

《长阿含经》注重非苦非乐的中道，亦强调"禅智双行，定慧兼修"。这种中道的修行观，直接与释尊本教的菩提正觉相关。释教的菩提正觉具有五重蕴含："自能调伏，能调伏人；自得止息，能止息人；自度彼岸，能使人度；自能解脱，能解脱人；自得灭度，能灭度人。"⑥而菩提正觉亦不外是舍离无明的漏尽慧解脱和远离贪爱的心解脱。

释尊本教的修持法门不外乎七科三十七道品，即四念住、四正断、四神足、五根、五力、七觉支、八正道。七科三十七道品在《长阿含经》里有许多阐释。

四念住亦作四念处，是一种禅法，习禅者以身、受、意（心）、法作为观想对象，其主要内容可概括为观身不净、观受是苦、观心无常、观法无我。四正断亦作四正勤，指四种根除懈怠，专心勤修的修持：断除已生之恶的修持，防护未生之恶的修持，持念已生之善的修持，努力实现未生之善的修持。四神足，指四种获致神通的禅定修习，其主要内容包括欲如意足、精进如意足、念如意足和观如意足，通过对禅定修持的愿望和努力，专心致志于观想佛慧，从而获致基本的禅定解脱。

五根，包括坚信佛法的信根、不懈地修善止恶的精进根、修习四念处的念根、修习四如意足的定根，以及生发佛慧的慧根。由修持信根、精进根、念根、定根、慧根生发信力、精进力、念力、定力、慧力。七觉支，亦作七菩提分，指达到佛慧正觉的七种部类：忆念佛法而不忘的念觉支、辨识善恶的择法觉支、坚持修行的精进觉支、解悟佛法而心生喜悦的喜觉支、因断烦恼而身心愉悦的猗觉支（轻安觉支）、心注一境而观想佛理的定觉支、舍弃偏见心无挂碍的舍觉支。另外，尚包括四圣谛的道谛——八正道。

七科三十七道品是释尊本教修行方法的总纲要，亦是佛教戒、定、慧三学基要主张。七科内容的终极归趣是脱除生命苦难的涅槃境界，但这种归趣不是由极端的苦行来达到，而是由非苦非乐的中道修持来圆成。中道修持又根植于现世的净戒，关涉于现实人生的慈心悲怀。释尊的解脱之道是教化和德化的结合。由教化而臻达菩提正觉，由德化而圆成世间和乐。因此，自乐乐他，自生生他，自利利他，自度度他，"自得解脱，能解脱人；自得灭度，能灭度人"，可视为是真正的阿含归趣。

释尊本教注重德化的主张，在《长阿含经》的第十五经《善生经》里有明显的阐述。如其中礼敬六方的德化思想，对现实生活仍有一定的启悟之处。德化的目的是为了获得生命的安隐，亦是为了世间的大同和谐。利乐有情，和乐世间，体现了释尊世间解脱的现实本怀。

破斥外道异学

释尊创教时期，除婆罗门教之外，当时印度社会尚并存着许多"沙门"学派。沙门，梵语 Sramaṇa，本义为努力苦行的人，主要指婆罗门以外的修行者。沙门出家修道即云游四方，乞食或林栖，从事种种苦行。

《长阿含经》的第八经《散陀那经》记载了数十种沙门苦行的具体，瞿昙一概斥之为"卑陋"绝非净法。佛教八正道的修持主张，可以说正是拒斥苦行主义的理论。

佛教初期的沙门学派，在因果报应、生死轮回、修行解脱等问题上展开辩论，提出了各种各样的宗教哲学理论和宗教修持方式。阿含经典把婆罗门教和非婆罗门教的沙门学派，一概称为"外道"或"异学"。据记载，佛教初创时期有九十五种外道，有的认为是九十六种外道。其中有"六师外道"影响最著。《长阿含经》亦有对"六师外道"的记载，如第二经《游行经》和第二十七经《沙门果经》等。所谓六师外道主要指不兰迦叶、末伽梨拘舍梨、阿夷陀翅舍钦婆罗（阿耆多翅舍钦婆罗）、波浮陀伽旃延、散若毗罗梨子、尼乾陀等。

不兰迦叶，亦作富兰那迦叶，姓迦叶，从母得名不兰（富兰那）。他主张无福无施，无今世后世善恶之报，否认因果报应论，被认为是无因无缘论者和道德虚无论者。《沙门果经》记载说，即使杀人放火，偷盗邪淫，都不为作恶，亦没有罪恶报应，这就是不兰迦叶的主张。反之，即使施舍行善，亦没有什么福报。

末伽梨拘舍梨，从母得名拘舍梨，末伽梨是字。他认为人生的一切都是命定的，个我的意志和主观努力在命运面前是无能为力的。他说，无天无地无众生，无善恶亦无善恶报，无布施亦无祭祀，乃至无父无母。因此末伽梨拘舍梨否认善恶因果报应和三世轮回理论，坚决反对婆罗门教所提倡的布施和祭祀。末伽梨被认为是"邪命外道"的创始人。

阿夷陀翅舍钦婆罗，亦作阿耆多翅舍钦婆罗。他认为人是由地、水、火、风四大和合而成，人取命终时，地大还归于地，水还归水，火还归火，风还归风；皆悉败坏，诸根败坏；无论是智者还是愚人，皆悉败坏为断灭法。因此他亦反对善恶果报和生死轮回的理论，否定婆罗门教祭祀和一切苦行。阿夷陀翅舍钦婆罗被认为是古印度唯物主义哲学派别"顺世论"的开创者。

波浮陀伽旃延，亦作婆浮陀伽旃那，伽旃延是姓，从母名波浮陀。他坚决否认因果报应，认为众生受苦受乐皆由命定，无可改变。他说："无力，无精进，人无力，无方便。无因无缘，众生染着；无因无缘，众生清净。一切众生有命之类，皆悉无力，不得自在，无有冤仇，定在数中，于此六生中受诸苦乐。"

散若毗罗梨子，亦作删阇耶毗罗尼子，从母得名毗罗梨子，散若是字。他回避对事物做出肯定或否定判断，持怀疑论的观点。对于因果报应论，他的回答是，"此事实，此事异，此事非异非不异"。

尼乾子，亦称尼乾陀若提子。若提子从母得名，尼乾陀为出家之号，意为"脱离束缚"，从肉体和精神的双重枷锁中解脱出来。尼乾子本名为筏驮摩那，是耆那教的创始人，被称为"大雄"。他认为世界是由元素命（灵魂）和非命（物质及原因）构成的。他主张宿命论和轮回报应。

释教与六师外道的基本差异，主要集中在沙门修行的现世果报这一根本问题上。《游行经》所记载的须跋陀罗最后请佛决疑的正是沙门修行的现世果报问题。释迦认为外道异众无有沙门果，因为所有外道异说都缺非苦非乐的中道，没有八圣道。只有佛教才具备八正道的修持，因此具有沙门修行的现世果报。

佛教所具有的沙门果报，包括四种修行果位，须陀洹果、斯陀含果、阿那含果和阿罗汉果。须陀洹果，亦译作预流、入流，指凡夫初入圣道法流；斯陀含果，亦译作一来果，指修行者虽断欲界中九惑的六惑，但尚需在欲界人、天之间受生一度；阿那含果，亦译不还果，指不还来欲界的修行果位；阿罗汉果，亦称无极果、无学果，是声闻学者修习的最高果位，指已断除一切世俗的情欲烦恼，达到声闻修学的最高境地，不受生死轮回之苦，进入个我生命的涅槃解脱。

释尊本教倡导精进勤修善法，乐独静思，终达漏尽智证，获致离无明的慧解脱和离贪爱的心解脱。佛教修持离不开八圣道的指引，由八圣道进入涅槃，这就是佛教在破斥外道异学中所确立的基本学说。

外道异学大都关注一些思辨性较强的玄学问题，如世界有始无始、世界有边无边、身命异还是不异、如来终还是不终等。受外道异学影响的人常询问释尊对诸如此类问题的解答，释迦总以"无记"答之。第二十八经《布吒婆楼经》记载了详情。梵志问佛陀：世间有常还是无常？世间是有边际还是无边际？身命有异还是无异？如来终还是不终？佛告梵志："世间有常，乃至如来非终非不终，我所不记。"《中阿含经》卷六十的《箭喻经》，佛陀曾以有人被毒箭射中为喻，说如果不设法尽快把毒箭拔出来，而是细究何人射箭，研思箭是什么材料制作等等问题，那是毫无意义的。无记即不置可否，是一中性判断词。释尊认为，上述问题"不与义合，不与法合，非梵行，非无欲，非无为，非寂灭，非止息，非正觉，非沙门，非泥洹，是故不记"⑦。这些问题既无助于增益有情的生存智慧，亦无助于修行者证达涅槃解脱。佛陀所记的是苦谛、苦集、苦灭、苦出要道，四圣谛才是真正的生存智慧，才是值得真正研思修持的解脱门径。

注释：

①《大正藏》第一册页七中。

②《大正藏》第一册页七下。

③《大正藏》第一册页十五中。

④《大正藏》第一册页十六下。

⑤《大正藏》第一册页二十六中。

⑥《大正藏》第一册页四十九上。

⑦《大正藏》第一册页一一一上。

参考书目

1.《大正藏》第一册、二册、二十二册、三十册

2.《高僧传》 梁·慧皎撰　汤用彤校注本　北京中华书局一九九二年版

3.《印度佛学源流略讲》 吕澂著　上海人民出版社

4.《中国佛学源流略讲》 吕澂著　北京中华书局

5.《新编汉文大藏经目录》 吕澂著　济南齐鲁书社一九八二年版

6.《汉魏两晋南北朝佛教史》 汤用彤著　北京中华书局

7.《印度哲学史略》 汤用彤著　北京中华书局

8.《佛教的起源》 杨曾文著　北京今日中国出版社一九八九年版

9.《印度之佛教》 印顺著　台北正闻出版社

10.《印度佛教史》 圣严法师编述

11.《印度佛教史》 英·渥德尔著（A.K. Warder）
王世安译 北京商务印书馆一九八七年版

12.《中国佛教史》一、二、三卷 任继愈主编
北京中国社会科学出版社

13.《佛学研究十八篇》 梁启超著 北京中华书局
影印

14.《佛教哲学》 方立天著 北京中国人民大学出
版社

15.《佛学概论》 黄忏华著

16.《现代佛教学术丛刊》91册《经典研究论集》、
94册《原始佛教研究》 张曼涛主编 台北大乘文化出
版社

17.《中国佛教思想资料选编》第一册 石峻等编
中华书局

出版后记

　　星云大师说："我童年出家的栖霞寺里面，有一座庄严的藏经楼，楼上收藏佛经，楼下是法堂，平常如同圣地一般，戒备森严，不准亲近一步。后来好不容易有机缘进到藏经楼，见到那些经书，大都是木刻本，既没有分段也没有标点，有如天书，当然我是看不懂的。"大师忧心《大藏经》卷帙浩繁，又藏于深山宝刹，平常百姓只能望藏兴叹；藏海无边，文辞古朴，亦让人望文却步。在大师倡导主持下，集合两岸近百位学者，经五年之努力，终于编修了这部多层次、多角度、全面反映佛教文化的白话精华大藏经——《中国佛教经典宝藏》，将佛教深睿的奥义妙法通俗地再现今世，为现代人提供学佛求法的方便途径。

　　完整地引进《中国佛教经典宝藏》是我们的夙愿，

三年来，我们组织了简体字版的编审委员会，编订了详细精当的《编辑手册》，吸收了近二十年来佛学研究的新成果，对整套丛书重新编审编校。需要说明的是此次出版将丛书名更改为《中国佛学经典宝藏》。

佛曰：一旦起心动念，也就有了因果。三年的不懈努力，终于功德圆满。一百三十二册，精校精勘，美轮美奂。翰墨书香，融入经藏智慧；典雅庄严，裹沁着玄妙法门。我们相信，大师与经藏的智慧一定能普应于世，济助众生。

东方出版社

图书在版编目（CIP）数据

长阿含经 ／陈永革 释译 . —北京：东方出版社，2020.2
（中国佛学经典宝藏）
ISBN 978-7-5060-8652-3

Ⅰ.①长… Ⅱ.①陈… Ⅲ.①阿含②《长阿含经》—
注释③《长阿含经》—译文 Ⅳ.① B942.2

中国版本图书馆 CIP 数据核字（2015）第 267880 号

长阿含经
（CHANG'AHAN JING）

释 译 者：陈永革
责任编辑：王梦楠　杨　灿
出　　版：东方出版社
发　　行：人民东方出版传媒有限公司
地　　址：北京市朝阳区西坝河北里 51 号
邮　　编：100028
印　　刷：北京市大兴县新魏印刷厂
版　　次：2020 年 2 月第 1 版
印　　次：2020 年 2 月第 1 次印刷
开　　本：880 毫米 ×1230 毫米　1/32
印　　张：10.5
字　　数：134 千字
书　　号：ISBN 978-7-5060-8652-3
定　　价：55.00 元
发行电话：（010）85924663　85924644　85924641